HR 2015—2016年度
CHINA
中国城市住宅发展报告

The Annual Report on Urban Housing Development in China

邓卫　张杰　庄惟敏　等著

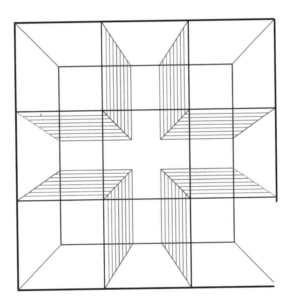

中国建筑工业出版社

图书在版编目（CIP）数据

2015—2016年度中国城市住宅发展报告/邓卫等著.—北京：中国建筑工业出版社，2017.8
ISBN 978-7-112-21074-9

Ⅰ.①2… Ⅱ.①邓… Ⅲ.①城市-住宅建设-研究报告-中国-2015-2016 Ⅳ.①F299.233.5

中国版本图书馆CIP数据核字（2017）第190403号

　　本书对2015—2016年度中国城市住宅开发建设、配置流通等各领域的实况与动态予以全面、客观的介绍和分析。全书共分6章，主要内容包括：2015—2016年度中国城市住宅发展概况、住房市场的供需与交易状况、中国房地产盘点、重点城市住宅状况、我国现代小街区形态的探索、住宅与技术等专题内容。

　　本书的主要特点在于：主要以国家统计局、住房与城乡建设部等政府部门发布的权威统计数据为基础进行科学分析，从实证的角度反映2015—2016年度全国城市住宅的发展状况，数据翔实、图表丰富、行文简明、语言朴实、表述明了，是从事住宅规划设计和开发建设工作者可参考借鉴的工具书。

　　本书适合建筑学、城市规划、城市管理、城市经济、住宅经济和住房政策领域的理论与实践工作者、大专院校师生以及对住房问题感兴趣的普通公众读者阅读。

责任编辑：焦　扬　徐　冉
责任校对：焦　乐　李欣慰

2015—2016年度中国城市住宅发展报告
邓卫　张杰　庄惟敏　等著
*

中国建筑工业出版社出版、发行（北京海淀三里河路9号）
各地新华书店、建筑书店经销
北京佳捷真科技发展有限公司制版
北京云浩印刷有限责任公司印刷
*
开本：850×1168毫米　1/16　印张：6¾　字数：178千字
2017年11月第一版　2017年11月第一次印刷
定价：32.00元
ISBN 978-7-112-21074-9
（30726）
版权所有　翻印必究
如有印装质量问题，可寄本社退换
（邮政编码100037）

主要写作人员

邓　卫	教　授	清华大学建筑学院
张　杰	教　授	清华大学建筑学院
庄惟敏	教　授	清华大学建筑学院
胡　珊	博士后	清华同衡规划设计研究院
邹　晖	博士生	清华大学建筑学院
李明扬	博士生	清华大学建筑学院
贾　园	博士生	清华大学建筑学院

目 录

第 1 章 概述 1

第 2 章 住宅市场供需与交易 3
2.1 住房市场总体状况 3
2.1.1 人口、经济、社会 3
2.1.2 住房存量与增量 4
2.2 土地市场 8
2.2.1 土地供应量 8
2.2.2 土地出让金额 9
2.2.3 土地购置 10
2.3 住房金融市场 13
2.3.1 住房开发投资 14
2.3.2 投资资金来源 16
2.3.3 个人住房贷款 16
2.3.4 房地产信托 17
2.3.5 房地产上市公司 17
2.4 住房交易状况 18
2.4.1 一手住房销售状况 18
2.4.2 二手住房成交状况 22

第 3 章 2015 年中国房地产政策盘点 23
3.1 稳定住房消费，宏观政策回归市场 23
3.1.1 引导货币政策走向宽松，稳定住房消费 23
3.1.2 落实地方政府主体责任，分城施策 25
3.1.3 鼓励自住与改善型两股力量入市 26
3.1.4 统筹保障性安居工程，"保障""去库存"效果兼具 27

3.2 化解房地产库存，市场主旋律鲜明 ······28
　3.2.1 房地产定位常态化，去库存成为短期核心 ······29
　3.2.2 财政金融政策持续放宽，但城市、区域楼市分化现象严重 ······30
　3.2.3 合理安排用地配置，优化土地结构调整 ······30
　3.2.4 加快供给侧改革，鼓励租赁市场规范发展 ······31
3.3 四大城市"分城施策"，促进住房刚需释放 ······33
　3.3.1 北京市——公积金政策持续放宽，保障性住房迎来新思路 ······33
　3.3.2 上海市——松绑住房公积金贷款，定向放松住房限购 ······35
　3.3.3 广州市——放宽公积金贷款，扩大住房保障面 ······36
　3.3.4 深圳市——宽信贷引发楼市暴涨 ······37

第4章 重点城市住宅状况 ······41

4.1 住房供需 ······41
　4.1.1 北京 ······41
　4.1.2 上海 ······42
　4.1.3 深圳 ······43
　4.1.4 成都 ······44
　4.1.5 厦门 ······45
　4.1.6 武汉 ······46
4.2 住房土地市场 ······47
　4.2.1 北京 ······47
　4.2.2 上海 ······47
　4.2.3 深圳 ······47
　4.2.4 成都 ······48
　4.2.5 厦门 ······48
　4.2.6 武汉 ······48
4.3 住房交易 ······48
　4.3.1 北京 ······48
　4.3.2 上海 ······50
　4.3.3 深圳 ······52
　4.3.4 成都 ······54

4.3.5　厦门	57
4.3.6　武汉	59

第5章　我国现代小街区形态的探索 … 63
5.1　我国目前居住小区存在的问题 … 63
5.2　我国现代小街区的理论及实践案例 … 63
　　5.2.1　北京旧城改造中的小街区 … 64
　　5.2.2　居住街区（BLOCK）模式：上海创智天地 … 67
　　5.2.3　上海安亭新镇特色风貌区 … 69
　　5.2.4　北京建外SOHO … 71
　　5.2.5　唐山凤凰新城 … 73
5.3　国外现代小街区的理论及实践案例的启示 … 74
　　5.3.1　传统街区城市的织补理论及实践 … 74
　　5.3.2　"第三类型城市"理论及实践 … 74
　　5.3.3　美国的小街区理论及案例 … 76
　　5.3.4　日本幕张新城 … 77
5.4　现代小街区的特点总结 … 78

第6章　住宅与技术 … 80
6.1　绿色住宅建筑评价与绿色设计 … 80
　　6.1.1　《绿色建筑评价标准》的修订 … 81
　　6.1.2　《既有建筑绿色改造评价标准》的制定 … 82
　　6.1.3　绿色住宅建筑评价与设计的地方政策 … 84
6.2　工业化住宅 … 84
　　6.2.1　《建筑现代产业化标准设计体系》（民用建筑）的制定 … 85
　　6.2.2　北京市《住宅全装修设计标准》 … 87
　　6.2.3　《工业化建筑评价标准》 … 88
6.3　老年宜居环境与住宅适老设计 … 89
　　6.3.1　适老设计有关国家标准的编制与修订 … 89
　　6.3.2　《老年人居住建筑》标准设计图集 … 91
　　6.3.3　《住宅设计规范》的修订 … 91

6.3.4	构建老年宜居社区的地方性探索	91

6.4 《建筑设计防火规范》(GB 50016—2014)的修订 … 92

6.4.1	有关术语定义的调整	93
6.4.2	有关防火分区、防火间距和耐火等级规定的调整	93
6.4.3	有关疏散和避难设计的调整	93
6.4.4	有关建筑构造设计的调整	94
6.4.5	有关灭火救援设施的调整	94
6.4.6	有关消防设施的调整	95

说明 … 96

第1章 概　述

本文主要研究2015～2016年度中国城市住宅发展概况和热点问题。

2015年是全面深化改革的关键之年，中国经济正稳步从高速步入中高速换挡阶段。2015年度我国实现国内生产总值67.7万亿元，同比增长6.9%，增速较去年略微下降。全国商品住宅成交均价为6472元/m²，同比增长9.1%，增速较去年大幅回升；我国城镇人口达到了7.7亿人，城镇化率提高到56.1%，比上年增加1.3个百分点。

2015年度在我国整体宏观经济形势保持稳定的同时，我国土地市场的发展较2014年呈现量价齐降。其中，住宅用地供应较上一年度下降了26.1%，全国土地出让金总额为3.25万亿元，较上一年度下降了21.4%，增幅下降24.5个百分点。全年度土地出让金收入超过千亿元的城市只有北京和上海两个，与2014年持平。在2015年全国土地出让金前十位的城市中，多数城市土地出让金总额较去年呈现下跌趋势，只有北京、广州、南京、苏州、合肥还保持上涨的势头。同时，2015年房地产信托新增资金规模下降占比上升。全年新增房地产信托规模为2018亿元，较上年降幅超过60%；房地产信托新增规模占全部信托规模的12.6%，较上年增加了3.3个百分点。2015年在沪深及香港上市的大陆房地产企业公司平均总资产达到586亿元，同比增加31个百分点；净资产均值达到158亿元，同比增加24个百分点。

从住房交易环节看，2015年度我国商品住宅销售面积11.2亿m²，较2014年增加6.9%，增长率比上年提高16个百分点，在2014年历史低值的基础上触底反弹。全国商品住宅销售额72753亿元，比2014年增长16.6%，增长率比上年提高24个百分点。2015年我国商品住宅现房销售面积2.6亿m²，比2014年增长9.2%，销售额14677亿元，比2014年增长21.4%。2015年商品住宅期房销售面积为8.7亿m²，比2014年增长6.2%，销售额58076亿元，比2014年增长15.4%。与2014年的情况相反，现房销售面积和销售额增长率及其占比都远远超过了期房。在70个全国大中城市中，2015年新增住宅销售价格涨幅前十位的分别是深圳、上海、北京、广州、南京、厦门、杭州、武汉、宁波、天津。

与2014年相比，我国城镇二手住房市场在2015年有明显的回暖。90m²及以下和144m²及以上二手房交易活跃的大多为一、二线特大城市；90～144m²二手房交易活跃的除了一二线城市之外，中、西部一些城市也进入前十。

在宏观经济新常态的背景下，2015年房地产宏观政策呈现出去行政化、坚持市场化、重塑政府与市场"双引擎"的整体格局。政府不再利用以往常规政策手段应对短期市场波动，而转向宏观调控新思路，一方面温和放宽调控政策，继续鼓励住房刚需入市以稳定住房消费，另一方面加强重点领域改革，分城施策。在房地产库存居高不下的市场压力下，坚决以去库存为主体目标，优化土地配置，规范租赁市场，加强推广棚改货币化安置，以建立住房"保障"与"去库存"之间的深度衔接。从四个特大城市的情况来看，虽未放开限购，但金融政策逐步放宽，已使一线城市房价基本回暖。同时国家试行不动产统一登记制度，进一步规范房产法治化管理，并通过合作型保障房入法、共有产权房试点等措施，坚决保障人民安居工程的建设。

当前我国的居住区大多沿袭建国初期的"居住小区"模式，这种以大马路、大街坊、封闭性高为特点的居住方式，造成了城市机动交通负荷过重、城市道路网密度不足等诸多问题。为了构建社会和谐、功能完善、交通便捷、生态宜居、活力繁荣的城市空间，功能混合的"绿色"小街区发展模式得到倡导。近年来，我国在城市建设实践中已经涌现出了许多小街区住宅的优秀实践案例，包括在旧城改造中出现的以北京小后仓胡同、北京海运仓胡同、上海创智坊为代表的模式探索，以及在新城建设中以上海安亭新镇特色风貌区、北京建外SOHO、唐山凤凰新城等为代表的模式的探索。美国、日本也在不同历史时期产生了小街区理念下的居住区建设实践，发展出了包括传统街区城市的织补、"第三类型城市"等理论。结合国内外小街区的理论和实践，可以归纳出小街区的6个特征：小尺度网格状的路网、步行和公交为主的通勤方式、舒适的街道和步行环境、多种城市功能的混合、多样化的景观和开放空间、开放的街区形态。

建筑节能是我国近年来住宅技术研究的重要关注点，住宅节能评价则是引导我国住宅节能发展的重要组成部分。2015年，国家进一步完善了绿色住宅建筑评价体系的有关参考标准，修订了新版《绿色建筑评价标准》，以及出台了《既有建筑绿色改造评价标准》。地方层面，江苏、浙江等绿色建筑发展较好的省份在2015年率先出台了有关绿色建筑的地方性法规，大大提升了住宅市场节能设计和节能评价的强制力。

建筑产业化作为我国住宅技术的另一个重要研究方向，在2015年也有大量标准规范出台。其中《建筑现代产业化标准设计体系》（民用建筑）的颁布为我国未来数年住宅产业化的技术研究提供了纲领性指导，《工业化建筑评价标准》出台则填补了我国民用建筑产业化评价的相关规范空白。地方层面，北京市出台了《住宅全装修设计标准》，在住宅装修产业化方向展开了先期探索。

为响应国家建设老年宜居环境的号召，2015~2016年国家和地方政府相继研究出台一系列政策，大力推进住宅和住区进行适老化设计探索。十二五末期，国家全面修订了《老年人居住建筑设计标准》和《老年人居住建筑》标准设计图集等重要标准，有关老年宜居环境建设的标准体系已经大致形成。

2015年正式实施的新版《建筑设计防火规范》由早期的《建筑设计防火规范》和《高层民用建筑设计防火规范》合并而成，统一了两规范间相互矛盾的条文和规定，重新规范了部分术语和指标的计算方法。同时提高了高层住宅的防火设计要求，增加了灭火救援设施的有关章节，并补充了建筑外保温系统的防火要求。

第2章 住宅市场供需与交易

2.1 住房市场总体状况

2.1.1 人口、经济、社会

经济发展的水平是住房需求的重要决定因素，经济增长的速度与住房需求增长的速度基本是正相关的关系。经济发展的水平直接决定家庭人均可支配收入的水平，也直接决定了购房支付能力的高低。一般说来，家庭人均收入水平提高，就会增加对住房的需求，反之，就会减少对住房的需求。

2015 年，在复杂多变的国际环境下，我国经济形势总体在新常态下保持平稳运行，呈现稳中有升的态势，全年实现国内生产总值（GDP）67.67 万亿元，同比增长 6.9%。2015 年我国城镇居民人均可支配收入 31195 元，比上年增长 2351 元，同比增长 8.9%；2015 年商品住宅成交均价①为 6474 元/m²，比 2014 年上涨 9.1%（图 2-1）。总体来看，2015 年我国国内生产总值、城镇人均可支配收入和房价均呈上涨趋势，城镇人均可支配收入和商品住宅成交均价二者增速相当，且涨幅高于国内生产总值。

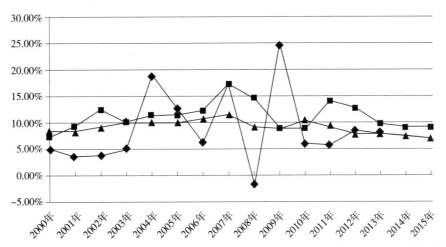

图 2-1　2000～2015 年我国 GDP、城镇居民人均可支配收入及商品住宅均价情况
（资料来源：历年《中国统计年鉴》）

住房需求还受住房收入比的影响，住房收入比最现实地反映居民的住房购买力。按照国际惯例，目前比较通行的说法认为房价收入比在 3～6 倍之间为合理区间。以一个人口为 3 人的家庭为例，按人均可支配收入 31195 元计算则家庭年收入为 93585 元，购买一套单价为 6472 元/m²、面积 90m²

---

① 2015 年全国商品住宅销售面积 11.24 亿 m²，销售额 72771.17 亿元，以此数据计算，每平方米住宅单价为 6474 元。

的住房需要付的总房价为582480元，由此计算得出住房收入比为6.22，该比值比2014年上升0.19，仍略高于国际上通认的合理区间，可知我国城镇居民购房压力仍较大。

住房是家庭生活的必需场所，毋庸置疑，家庭及人口增加必然伴随住房需求的增加，因此，家庭或人口的增长幅度从根本上决定住房需求的增长。到2015年，我国的城镇人口按统计口径算，已经达到了7.71亿人，城镇化率提高到56.1%，比2014年提高了约1.33个百分点。以住房和城乡建设部给出的城镇人均居住面积35m²[①]作为参考依据，2015年新增的城镇住房需求为7.7亿m²。我国城镇化率距发达国家70%左右的水平还有很大一段增长空间，城镇化带来的新增城镇人口将为城镇住房需求提供持续的增长动力（图2-2）。

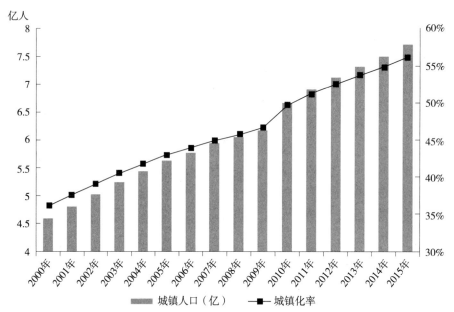

图2-2 2000～2015年我国城镇化发展情况
（资料来源：历年《中国统计年鉴》）

2.1.2 住房存量与增量

住房包括存量住房和增量住房两部分。所谓存量住房是指已被个人购买或自建并取得所有权证书的住房，一般是二手房。2015年末我国城镇实有住宅建筑面积198.01亿m²，比2014年末增加10.04亿m²，增长率为5.3%，增长率比2014年末下降了0.8个百分点。图2-3显示，从2006年至今，我国城镇住宅存量逐年增长，增长率基本稳定在6%左右波动，但自2012年以来增长率持续下降，2015年达到近10年最低点。

从住房存量的地区结构来看，2015年末，东部地区城镇实有住宅建筑面积93.92亿m²，中部地区55.81亿m²，西部地区48.27亿m²，分别占全国城镇实有住宅建筑总面积的47.4%、28.2%和24.4%（图2-4）。数据显示，东部地区的住房存量占全国比重近年已出现连续下滑，中、西部地区则稳中略升。从总量上看，东部地区住宅存量仍占了全国住宅存量的半壁江山，西部地区住宅存量占比最少，但其增长速度最快。

增量住房是相对于存量住房而言的，增量住房是指一定时间内新建的住房。住房增量用当年的

[①] 数据来源：中华人民共和国住房和城乡建设部.2020年中国居民居住目标预测研究报告[R].成都：房地产市场发展暨住房保障政策高层论坛，2004.

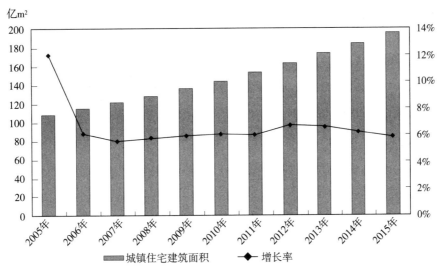

图 2-3 2005～2015 年末我国城镇实有住宅建筑面积
（资料来源：历年《中国统计年鉴》）

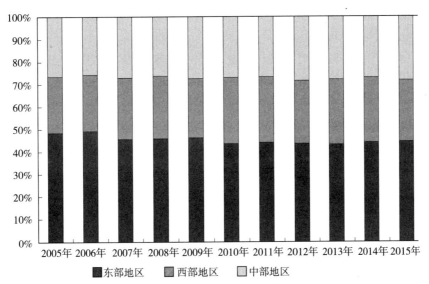

图 2-4 2005～2015 年我国各地区城镇住宅建筑面积占比情况
（资料来源：历年《中国统计年鉴》）

竣工面积来表示。2015 年全国商品住宅竣工面积 7.38 亿 m^2，比 2014 年减少了 0.71 亿 m^2，同比下降 8.8%，增长率比 2014 年下跌了 11.5 个百分点（图 2-5）。从图 2-5 中也可以看出，近五年我国商品住宅竣工面积整体呈现下降趋势，2015 年同比降幅接近 10 个百分点，为历史最低值。

施工面积（含新开工面积）表示未来 2～3 年的住宅增量。2015 年全国商品住宅施工面积 51.16 亿 m^2，比 2014 年减少了 0.35 亿 m^2，下降 0.7%，增长率比 2014 年下降了 6.4 个百分点。从图 2-5 中可以看出，2015 年我国商品住宅施工面积结束了自 2005 年以来的连年上涨态势，开始回落。其增长率自 2013 年来持续走低，但仍高于同期商品住宅竣工面积增长率。

从各地区情况来看，2015 年我国东、中、西部地区商品住宅竣工面积分别为 36713.4 万 m^2、19851.6 万 m^2 和 17212.3 万 m^2，与 2014 年相比，分别依次下降了 3462.9 万 m^2、2522.3 万 m^2 和 1075.8 万 m^2，增长率分别为 -8.6%、-11.4% 和 -5.9%，增长率比 2014 年分别下降了 13.7、10.8 和 7.5 个百分点。东、中、西部地区商品住宅竣工面积分别占全国比重分别为 49.8%、26.9%、23.3%。

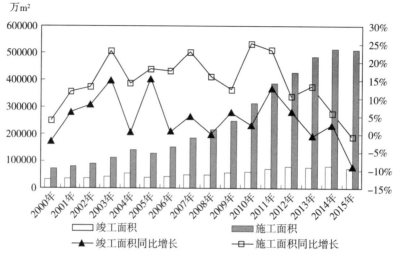

图 2-5 2000～2015 年城镇商品住宅竣工面积、施工面积及增长情况
（资料来源：中国房地产信息网 www.realestate.cei.gov.cn）

可以看出，在全国商品住宅竣工面积普遍下降的环境下，中部地区的同比降幅最大，而东部地区的增速回落最快（图 2-6）。

2015 年东、中、西部地区商品住宅施工面积分别为 242803.7 万 m^2、135833.8 万 m^2 和 132932.0 万 m^2，与 2014 年相比，分别下降了 5005.8 万 m^2、增加了 1692.1 万 m^2 和下降了 213.2 万 m^2；增长率分别为 -2.0%、1.3% 和 -0.2%，增长率较 2014 年均分别下降了 7.0、5.8 和 6.5 个百分点。同样的，在商品住宅施工面积上，东部地区在数量上占绝对优势。西部地区商品住宅施工面积在 2011 年及 2012 年均超过中部地区，但在 2013～2015 年被中部地区反超。东、中、西部地区在增速上较 2014 年均出现不同程度的回落（图 2-7）。

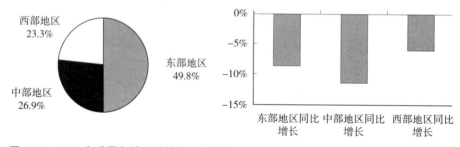

图 2-6 2015 年我国各地区城镇商品住宅竣工面积比重及同比增长情况
（资料来源：中国房地产信息网 www.realestate.cei.gov.cn）

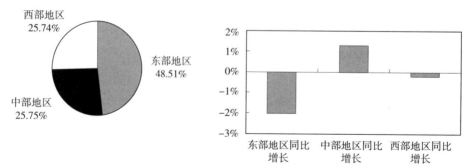

图 2-7 2015 年我国各地区城镇商品住宅施工面积比重及同比增长情况
（资料来源：中国房地产信息网 www.realestate.cei.gov.cn）

分省份看,2015年商品住宅竣工面积位居前五位的是:江苏7930.2万m²、山东6185.6万m²、广东4435.4万m²、河南4237.9万m²和安徽4099.2万m²,而2014年商品住宅竣工面积位居前五位的是:江苏7259.1万m²、山东6090.7万m²、河南5767.2万m²、广东5442.5万m²和辽宁4940.5万m²。可见,2015年商品住宅竣工面积前五位的省份在竣工面积上基本与2014年前五位的情况持平,其中安徽为5年内首次进入前五位,而辽宁跌至第十一位。

2015年商品住宅竣工面积同比增速位居前五位的是:西藏139.6%、云南51.1%、甘肃17.3%、重庆15.0%和江苏9.2%(图2-8),而2014年商品住宅竣工面积同比增速前五位的情况是:西藏176.5%、海南103.2%、贵州51.3%、陕西46.4%和浙江30.5%。由此可见,2015年商品住宅竣工面积增长率前五位的省份的总体增长速度不及2014年前五位的情况,并且排名变化较大,其中云南、甘肃、重庆、江苏均为2015年新进入前五的省份。

2015年商品住宅施工面积位居前五位的是:江苏42316.0万m²、山东42276.5万m²、广东40388.8万m²、河南31210.6万m²和四川25300.5万m²;而2014年商品住宅施工面积前五位的情况是:江苏41579.8万m²、山东40648.8万m²、广东38290.1万m²、河南29831.3万m²和辽宁28524.5万m²。从面积上来看,2015年前五位的省份基本与2014年前五位的省份持平,略有下降。其中,四川为2015年新进入前五的省份,而辽宁排名下降至第九。

2015年商品住宅施工面积增速位居前五位的是:西藏46.2%、江西11.8%、甘肃7.9%、海南7.6%和湖北6.6%(图2-9)。而2014年商品住宅施工面积同比增速前五位的情况是:西藏354.1%、湖北17.8%、海南16.1%、广东13.7%和宁夏13.0%。从面积上来看,西藏的商品住宅施工面积增速大幅回落,其他进入前五位省份的增长率低于2014年前五位的整体情况。其中,江西、甘肃增速超过广东和宁夏成为新进入前五的省份。

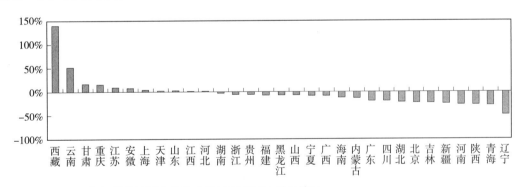

图2-8 2015年各省份城镇商品住宅竣工面积同比增长情况
(资料来源:中国房地产信息网 www.realestate.cei.gov.cn)

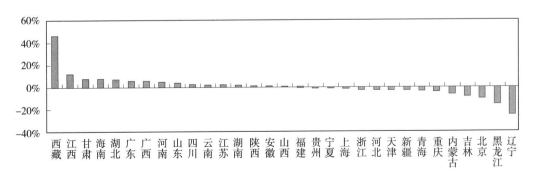

图2-9 2015年各省份城镇商品住宅施工面积同比增长情况
(资料来源:中国房地产信息网 www.realestate.cei.gov.cn)

2.2 土地市场

2015年，在我国整体宏观经济形势保持稳定的同时，我国土地市场的发展较2014年呈现量价齐降。其中，土地出让金总额和土地购置费均小额上涨，而房地产及住宅用地供应总量的降幅则相对较大，该情况反映在东部及中部地区较为突出，尤其以中部地区为典型。然而，西部地区土地市场整体则较为活跃，土地供应及购置面积占全国份额首次超过中部地区。

2.2.1 土地供应量

2015年我国土地供应规模较2014年有所下降。根据国土资源部数据，2015年全国建设用地供应总量53.38万hm^2，同比下降12.5%，为近五年来最低，较2013年的历史最高点对比鲜明；全国房地产用地（包括住宅用地和商业服务设施用地）供应11.18万hm^2，比2014年下降了20.9%；其中，住宅用地供应10.21万hm^2，比2014年下降了26.1%。从图2-10可以看出，自2013年起，我国房地产用地和住宅用地供应规模连续两年呈现下降趋势，且降幅超过20%。2015年两者双双跌至2010年之前的供应规模，同时其增长率也逼近近十年最低值。

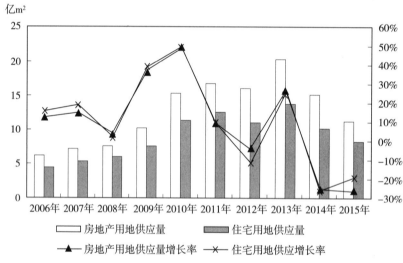

图2-10　2006～2015年我国房地产及住宅用地供应情况
（资料来源：2006～2015年全国土地市场动态监测分析报告）

从建设用地供应结构来看，2015年房地产土地供应占全国土地供应总量的27.4%，占比较2014年下降2.6个百分点；工矿仓储土地供应占全国土地供应总量的27.4%，占比较2014年上升3.2个百分点；基础设施等其他土地供应占全国土地供应总量的54.7%，占比较2014年上升3.7个百分点（图2-11）。总体来看，房地产土地供应在建设用地整体供应中的比重在下降。

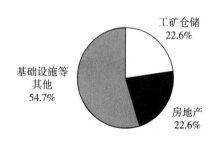

图2-11　2015年我国各种类用建设地供应情况
（资料来源：2015年国民经济和社会发展统计公报）

从房地产用地供应与经济增长的关系来看，2008～2010年间大幅增加房地产用地供应与金融危机后GDP增速的稳定和增长有一定的相关性。但2010年至今，GDP增速呈现持续下降的趋势，期间房地产用地供应增速出现了一次大幅震荡，其峰值为2013年的26.8%，谷值为2015年的-26.1%，但直观上来看，对GDP的影响并不显著（图2-12）。

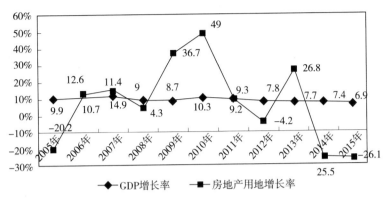

图2-12　2005～2015年我国经济增长与房地产用地供应情况
（资料来源：历年《中国统计年鉴》）

2.2.2　土地出让金额

2015年，我国土地出让金总额较2014年大幅下降，全国土地出让金总额（含招拍挂、划拨、协议等出让）共计3.25万亿元，比2014年下降了21.4%，增长率相比2014年下降了24.5个百分点，是继2014年历史峰值之后的拐点。

从各个城市的情况来看，2015年土地出让金收入排名前10的城市主要集中在省会城市及经济比较发达的东部沿海城市，累计金额达9192亿元，较2014年的9389亿元下降2.1%。2015年土地出让金收入超过千亿元的城市有两个，与2014年持平，北京土地出让金为2032亿元，同比上涨6%，上海土地出让金为1682亿元，同比下降5%，排名不变。广州土地出让金为955亿元，同比上涨14%，排名上升至第三；南京土地出让金为879亿元，同比增长12%，排名从2014年的第七升至第四；重庆土地出让金为675亿元，同比下跌24%，排名不变。2015年土地出让金排名前十的城市里增幅最大的是苏州，增速高达34%，土地出让金总额为633亿元，列第八位；跌幅较大的城市除重庆外还有合肥、杭州、天津，均超过20%。表2-1显示，与2014年相比，2015年新上榜的城市仅有合肥，而跌出前十名的城市是深圳。

2014、2015年全国土地出让金前十位城市排行　　　表2-1

排名	2015年前十位城市	土地出让金额（亿元）	同比	2014年前十位城市	土地出让金额（亿元）	同比
1	北京	2032	6%	北京	1917	5%
2	上海	1682	-5%	上海	1764	-22%
3	广州	955	14%	杭州	877	-35%
4	南京	879	12%	广州	839	21%
5	重庆	675	-24%	重庆	828	-33%
6	武汉	647	-5%	天津	738	3%
7	杭州	638	-27%	南京	732	-12%
8	苏州	633	34%	武汉	677	-21%
9	天津	585	-21%	深圳	553	18%
10	合肥	466	-32%	苏州	464	-15%

（数据来源：CREIS中指数据，fdc.fang.com）

2.2.3 土地购置

2015年全国土地购置面积低于2014年水平。根据国家统计局公布数据，2015年全国房地产开发企业完成土地购置面积22810.8万m²，比2014年下降了31.7%，增长率比2014年下降了17.7个百分点。土地购置面积自2014年反弹后连续两年下降，年均降幅超过20个百分点，并且呈现加速下跌的趋势。2015年的土地购置面积为近15年来的最低值，已经逼近2000年的水平（图2-13）。

从各地区情况来看，2015年东部地区土地购置面积为9824.3万m²，比2014年下降34.0%，增长率比2014年低17.1个百分点；中部地区6386.4万m²，比2014年下降了30.6%，增长率比2014年低14.2个百分点；西部地区6600.1万m²，比2014年下降了29.1%，增长率比2014年低23个百分点（图2-14）。从图2-15可以看出，2015年，东部地区土地购置面积增长率下降最快，东、中、西三大地区均出现较大幅度的负增长，达到近10年增长率的最低点。

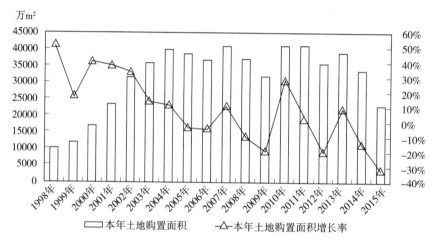

图2-13　1998～2015年我国土地购置面积及增长情况
（资料来源：历年《中国统计年鉴》、中国房地产信息网 www.realestate.cei.gov.cn）

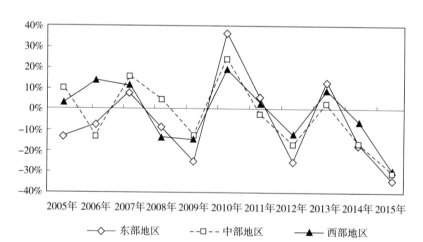

图2-14　2005～2015年我国各地区土地购置面积增长情况
（资料来源：中国房地产信息网 www.realestate.cei.gov.cn）

从各地区土地购置面积占比情况来看，2015年东部地区土地购置面积为9824.3万m²，占全国土地购置面积的43.1%，较2014年下降1.5个百分点；中部地区6386.4万m²，占全国土地购置面积的28.0%，较2014年上涨0.5个百分点；西部地区6600.1万m²，占全国土地购置面积的28.9%，较 2014 年上涨 1 个百分点。从 2015 年全年情况来看，东部地区土地购置面积占比最大，中、西部地区基本持平。从 2013 年至今，东部地区土地购置面积占比持续下滑，而西部地区土地购置面积占比呈现稳定增长趋势，并逐渐超过中部地区占比（图 2-15）。

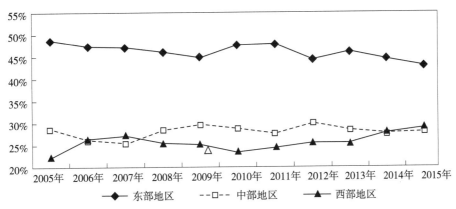

图 2-15　2005～2015 年我国各地区土地购置面积占比情况
（资料来源：中国房地产信息网 www.realestate.cei.gov.cn）

从各省份、自治区、直辖市情况看，2015 年土地购置面积位居前五位的是：广东 891 万 m^2、北京 811.1 万 m^2、浙江 574.9 万 m^2、重庆 539.1 万 m^2、江苏 530.4 万 m^2。从涨幅情况看，2015 年全国只有天津 1 个直辖市的土地购置面积同比上涨，30 个省份、直辖市和自治区下降，呈现普遍下降、降幅明显的趋势。2015 年土地购置面积同比增速排名前五位的是：天津 41.7%、山西 0%、山西 -8.2%、海南 -12.4%、重庆 -12.8%；而 2015 年土地购置面积同比增速排名后五位的是：甘肃 -57.8%、青海 -51.6%、江苏 -51.0%、西藏 -47.0%、浙江 -46.4%，大幅下跌的不仅包括西部省份，长三角等经济发达地区的土地市场也急速降温，呈现复杂的空间格局（图 2-16）。

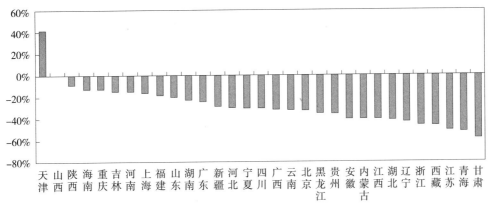

图 2-16　2015 年全国各省、自治区、直辖市土地购置面积增长情况
（资料来源：中国房地产信息网 www.realestate.cei.gov.cn）

2015 年我国土地购置费 7621.6 亿元，比 2014 年下跌 23.9%，增速比 2014 年下降 24.9 个百分点，增长率为近 10 年来的最低值，土地购置费跌回 2012 年的水平（图 2-17）。从地区土地购置费占比情况来看，2015 年我国东部地区土地购置费 4515 亿元，同比下跌 23.5%，占当年全国土地购置费的 59.2%；中部地区 1571.1 亿元，同比下跌 22.3%，占当年全国土地购置费的 20.6%；西部地区 1535.5 亿元，同比下跌 26.8%，占当年全国土地购置费的 20.2%。东、中、西地区土地购置费占

比维持2014年的水平，三地虽均有下跌，但跌幅基本持平（图2-18）。

从各省份、自治区、直辖市情况看，2015年土地购置费位前五位的是：广东891.0亿元、北京811.1亿元、浙江574.9亿元、重庆539.1亿元和江苏530.4亿元；2014年土地购置费位居前五位的是江苏1094.6亿元、浙江964.6亿元、广东856.6亿元、北京763.7亿元和安徽711.0亿元。2015年与2014年相比名次变动较大，重庆是新上榜的城市，而安徽掉出前五位。

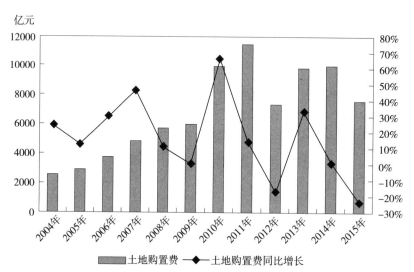

图2-17　2004～2015年我国土地购置费及增长情况
（资料来源：中国房地产信息网 www.realestate.cei.gov.cn）

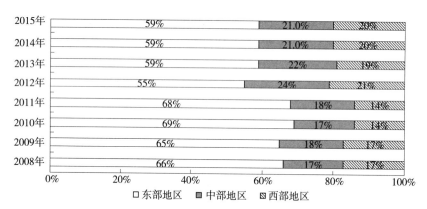

图2-18　2008～2015年我国各地区土地购置费占比情况
（资料来源：中国房地产信息网 www.realestate.cei.gov.cn）

2015年全国共有6个省份、直辖市的土地购置费同比上涨，25个省份、直辖市和自治区下降，呈现普遍下降、降幅明显的趋势。2015年土地购置费同比增速排名前五位的是：海南30.4%、山西29.6%、北京6.2%、广东4.0%、福建3.0%，除个别省份之外呈现增长疲软之势；而2015年土地购置费同比增速排名后五位的是：西藏-86.5%、上海-54.5%、江苏-51.5%、甘肃-50.9%、浙江-40.4%，大幅下跌的不仅包括西部省份，长三角等经济发达地区的土地市场也急速降温，呈现复杂的空间格局（图2-19）。

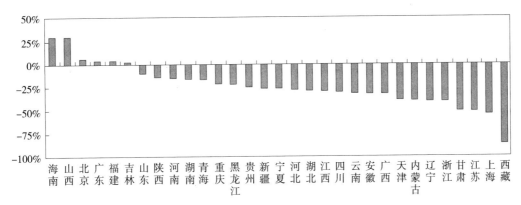

图 2-19 2015 我国各省份、自治区、直辖市土地购置费增长情况
(资料来源：中国房地产信息网 www.realestate.cei.gov.cn)

2.3 住房金融市场

近十年以来，我国房地产业[①]发展迅速，房地产开发投资额逐年增长，房地产开发投资占国内生产总值的比重总体也呈上升趋势，房地产业成为重要的经济增长点，为国民经济的增长作出重要贡献。

2015 年，我国房地产开发投资额 9.60 万亿元，比 2014 年增加 943 亿元，增长 1.0%，增长率比 2014 年下降了 9.5 个百分点（图 2-20），占国内生产总值比重的 14.2%，比 2014 年下降了 0.7 个百分点（图 2-21）。从近十年的情况来看，从 2010 年至 2015 年我国房地产投资总额虽然增长，但增长率总体呈现下滑趋势，2015 年增长率已接近零。2015 年我国房地产投资占国内生产总值的比重较 2014 年有所降低，结束了自 2005 年以来连续上涨的趋势，成为首个拐点。

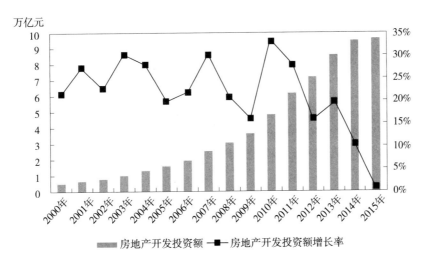

图 2-20 2000～2015 年我国房地产投资及增长情况
(资料来源：历年《中国统计年鉴》)

---

① 房地产业包括房地产开发经营、物业管理、房地产中介服务，以及其他房地产活动。

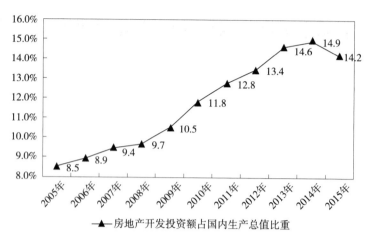

图 2-21 2004～2015 年我国房地产投资占国内生产总值比重
（资料来源：历年《中国统计年鉴》）

2.3.1 住房开发投资

住房开发是房地产开发[①]的一个重要组成部分。

2015 年全国完成住房投资 64595.2 亿元，占房地产开发投资比重的 67.3%，比 2014 年增加 243 亿元，增长 1%，增长率比 2014 年下降了 8.8 个百分点（图 2-22）。近十年，全国商品住房投资额逐年增加，但增长率起伏波动较大，其中 2010 年增长率最大，其次是 2007 年，2015 年我国住房投资额增长率出现近十年最低值，增长率首次接近零。

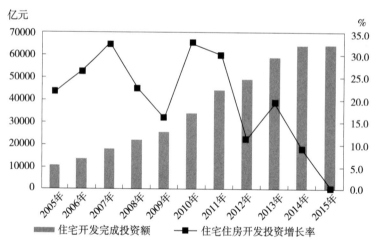

图 2-22 2005～2015 年我国住宅开发投资完成额及增长情况
（资料来源：历年《中国统计年鉴》）

从住宅类型来看，2015 年，90m^2 以下住宅投资额为 24646.1 亿元，同比增长 21.2%，增长率比 2014 年增加 16.6 个百分点；144m^2 以上住宅投资额 11030.2 亿元，同比增长 14.4%，增长率比 2014 年增加 22.2 个百分点；别墅及高档公寓投资额 3481.4 亿元，同比降低 9.4%，增长率比 2014 年回落 15.1 个百分点（图 2-23）。从图 2-23 可以看到，90m^2 以下住房投资增长最快，自 2010 年至今有四年增幅超过 20%，144m^2 以上及别墅、高档公寓住房投资增长较缓，保持平稳的发展势头。

---

① 房地产开发包括住宅、办公楼、商业营业用房和其他。

从各地区情况看，2015年东部地区住宅投资35652.9亿元，比2014年增加175.7亿元，增长0.5%，增长率比2014年回落了8个百分点。中部地区住宅投资14743.2亿元，比2014年增加191.3亿元，增长1.3%，增长率比2014年回落了8.4个百分点。西部地区住宅投资14199.2亿元，比2014年减少123.8亿元，降低0.9%，增长率比2014年回落了11.2个百分点。2015年，东、中、西地区住宅投资增长率均接近于零，为近十年来的最低值（图2-24）。

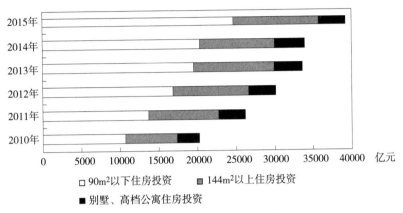

图2-23　2010～2015年各类型住宅开发投资变化情况
（资料来源：中国房地产信息网 www.realestate.cei.gov.cn）

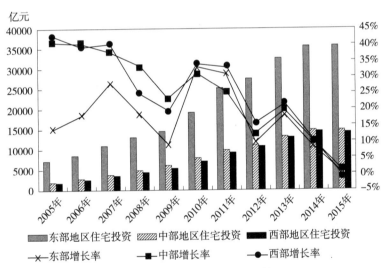

图2-24　2005～2015年各地区住宅投资及增长情况
（资料来源：中国房地产信息网 www.realestate.cei.gov.cn）

从各地区住宅投资占比情况来看，2015年东部、中部、西部地区住宅投资分别占全国住宅投资的55.2%、22.8%和22.0%。由此可见，东部地区住宅投资占比最大，超过全国住宅投资总量的一半，中部和西部地区投资占比接近（图2-25）。对比2014年，2015年西部地区占比与中部地区占比差距拉大。

从各省份、直辖市的情况看，2015年住宅投资额位居前五位的是：江苏6080.2亿元、广东5890.5亿元、浙江4450.7亿元、山东4399.4亿元和河南3529.2亿元，在投资数量上与2014年基本持平，在排名上仅最后一位发生变化，河南取代辽宁成为新晋前五的省份，辽宁从2013年的第二位跌出前五位。2015年住房投资额增速前五位是：西藏34.5%、江西14.5%、广东13.6%、天津11.5%和

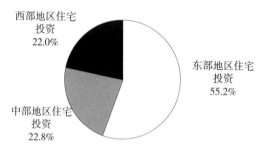

图 2-25　2015 年各地区住宅投资所占比重
（资料来源：中国房地产信息网 www.realestate.cei.gov.cn）

海南 11.1%，较 2014 年相比，西藏和江西仍然保留在前五名，新入榜的是广东、天津和海南。从表 2-2 中可以看到，2015 年投资额增速较上一年出现大幅回落。

2014、2015 年住宅投资及投资增速前五位省份情况　表 2-2

住宅投资前五位	2015年	江苏 6080.2亿元	广东 5890.5亿元	浙江 4450.7亿元	山东 4399.4亿元	河南 3529.2亿元
	2014年	江苏 5924.5亿元	广东 5187.3亿元	浙江 4594.2亿元	山东 4184.3亿元	辽宁 3844.3亿元
住宅投资增速前五位	2015年	西藏 34.5%	江西 14.5%	广东 13.6%	天津 11.5%	海南 11.1%
	2014年	西藏 401.8%	湖北 22.4%	江西 22.2%	福建 21.4%	宁夏 21.0%

（资料来源：中国房地产信息网 www.realestate.cei.gov.cn）

2.3.2　投资资金来源

2015 年，全国房地产开发投资到位资金共计 125203.1 亿元，同比增加 2.6%。其中，国内贷款 20214.4 亿元，同比下降 4.8%（其中，银行贷款 17415.5 亿元，同比下降 3.5%，非银行金融机构贷款 2798.9 亿元，同比下降 12.2%）；利用外资 296.5 亿元，同比下降 53.6%（其中，外商直接投资 286.1 亿元，同比下降 52.2%）；自筹资金 49037.6 亿元，同比下降 2.7%（其中，自有资金 20318.7 亿元，同比下降 3.1%）；其他资金 55654.6 亿元，同比增加 12.0%（其中，定金及预收款 32520.3 亿元，同比增加 7.5%，个人按揭贷款 16661.7 亿元，同比增加 21.9%）。由此可见，2015 年房地产开发资金来源中个人按揭贷款同比上涨最快，其次是定金及预收款，除此之外，其他资金来源均有不同程度的下降，其中外资下降幅度最大。

从各项资金来源占比情况看，2015 年，国内贷款占房地产开发投资资金来源的 16.1%，较去年同期下降 1.3 个百分点；利用外资占比为 0.2%，较去年同期下降 0.3 个百分点；自筹资金占比为 39.2%，较去年同期下降 2.1 个百分点；其他资金占比为 44.5%，较去年同期上升 3.8 个百分点。

2.3.3　个人住房贷款

2015 年商业性个人购房贷款余额持续上升，2015 年末个人购房贷款余额 14.2 万亿元，比 2014 年增加 2.7 万亿元，增长 23.2%，增长率比 2014 年高 5.7 个百分点（图 2-26）。从图 2-26 可以看出，近五年以来，商业性个人住房贷款余额逐年增长，自 2012 年起商业性个人住房贷款增速整体呈现上升趋势。

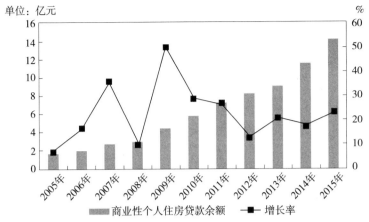

图 2-26　2005～2015 年全国商业性个人住房贷款及增长情况
（资料来源：中国房地产信息网 www.realestate.cei.gov.cn）

2.3.4　房地产信托[①]

2015 年我国信托行业共新增房地产信托规模为 2017.6 亿元，同比 2014 年下降 63.1%；房地产信托新增规模占全部信托规模的 12.6%，比 2014 年的 9.3% 增加了 3.3 个百分点（图 2-27）。从 2013 年至今，由于房地产行业去库存以及国家货币政策放宽等诸多因素，房地产信托新增资金规模不断下降，占比则处于小幅震荡状态。

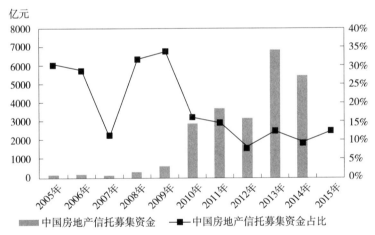

图 2-27　2005～2015 年我国房地产信托募集资金及占比
（资料来源：用益信托工作室 http://www.yanglee.com/studio/datalist.aspx）

2.3.5　房地产上市公司

2015 年，中国上市房企资产规模大幅增长。沪深及大陆在港上市房地产公司的平均总资产为 586.18 亿元，同比上升 30.88%；净资产均值为 157.71 亿元，同比上升 23.44%；房地产业务收入均

[①]　房地产信托投资基金是一种证券化的产业投资基金，通过发行股票（基金单位），集合公众投资者资金，由专门机构经营管理，通过多元化的投资，选择不同地区、不同类型的房地产项目进行投资组合，在有效降低风险的同时通过将出租不动产所产生的收入以派息的方式分配给股东，从而使投资人获取长期稳定的投资收益。

值为 117.73 亿元，同比上升 22.95%。各项规模指标中，平均总资产增速和房地产业务收入均值同比增速分别上升 7.46 和 18.96 个百分点，净资产均值增速基本保持平稳。

2015 年，房地产上市公司销售业绩稳定增长。沪深及大陆在港上市房地产公司的营业收入均值达到 123.35 亿元，同比增长 15.09%。其中，沪深上市房地产公司营业收入均值为 76.50 亿元，同比增长 16.83%，增速同比提高 0.21 个百分点；大陆在港上市房地产公司营业收入均值为 251.74 亿元，同比增长 11.28%，增速较上一年回落 5.11 个百分点，低于沪深上市房地产公司 5.55 个百分点（图 2-28）。大陆在港上市房地产公司资产规模仍然大幅领先于沪深上市房地产公司，且近五年在港上市公司房地产收入规模和增长速度整体优于沪深上市公司，规模差距有进一步扩大的趋势。

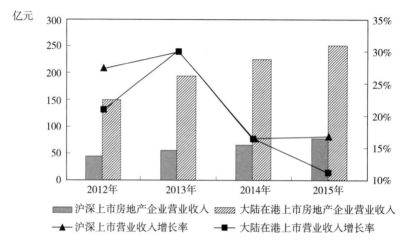

图 2-28　2012～2015 年我国房地产上市公司平均营业收入及增长情况
（资料来源：中国指数研究院数据信息中心、中国房地产指数系统）

2.4　住房交易状况

2.4.1　一手住房销售状况

国房景气指数[①]是房地产市场的晴雨表。总体上看，2009 年初至 2012 年底景气指数的波动较大，2013 年初至 2015 年底总体呈平缓下滑趋势，2014 年底至 2015 年底该指数小幅波动，最低值为年中的 92.6，为近五年最低值，年底回升至 93.3，比年初下降 0.5 个百分点（图 2-29）。

2015 年我国商品住宅销售面积 11.2 亿 m^2，比 2014 年增加 6.9%，增长率比 2014 年高 16 个百分点。自 2009 年商品住宅销售面积增长率达到 43.9% 之后，增长率总体呈现下降的趋势，2012～2015 年波动较为剧烈，2015 年在上年度历史低值的基础上触底反弹，恢复到 2011 年的水平。销售面积也在 2014 年下降之后反弹，与 2013 年水平基本持平（图 2-30）。

2015 年全国商品住宅销售额 72753 亿元，比 2014 年增加 10357 亿元，同比增长 16.6%，增长率比 2014 年高 24.4 个百分点。从图 2-31 中可以看出，2008 年至 2015 年我国商品住宅销售额总体呈现上涨的趋势，但 2013 至 2015 年间经历了一次大幅震荡，年增长率波动超过 20%。2015 年商品住宅销售额触底反弹，超过 2013 年水平。

---

① "国房景气指数"是全国房地产开发景气指数的简称，由房地产开发投资、本年资金来源、土地开发面积、房屋施工面积、商品房空置面积和商品房平均销售价格 6 个分类指数构成。

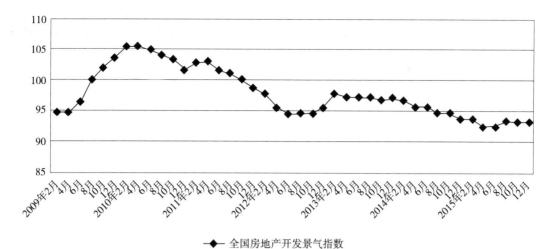

图2-29 2009~2015年全国房地产开发景气指数
（资料来源：国家统计局 http://www.stats.gov.cn/）

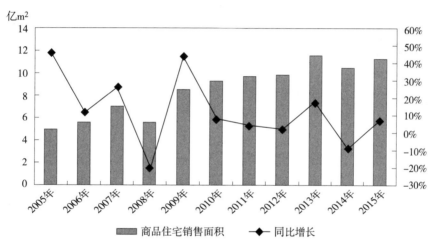

图2-30 2005~2015年我国商品住宅销售面积及增长情况
（资料来源：历年《中国统计年鉴》、中国房地产信息网 www.realestate.cei.gov.cn）

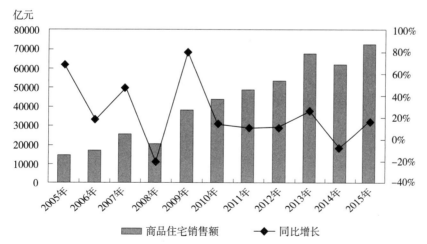

图2-31 2005~2015年商品住宅销售额及增长情况
（资料来源：历年《中国统计年鉴》、中国房地产信息网 www.realestate.cei.gov.cn）

2015年我国商品住宅销售面积中,现房销售面积2.59亿 m²,比2014年增长9.2%,占商品住宅销售面积的23.0%;期房销售面积8.65亿 m²,比2014年增长6.2%,占商品住宅销售面积的77.0%。商品住宅销售额中,现房销售额14677.4亿元,同比增长21.4%,占商品住宅销售额的20.2%;期房销售额58075.6亿元,同比增长15.4%,占商品住宅销售额的79.8%。与2014年的情况相反,现房销售面积和销售额增长率及其占比都远远超过了期房。

从各地区情况来看,2015年我国东、中、西部地区商品住宅销售面积分别为5.2亿 m²、3.2亿 m² 和2.8亿 m²,分别占总销售面积的46%、28%和25%(图2-32);东、中、西部地区商品住宅销售额分别为44361.7亿元、15280.5亿元和13110.9亿元,分别占总销售额的61%、21%和18%。从所占比重情况看,无论是销售面积还是销售额,东部地区都占了全国总量的较大份额,中部地区略高于西部地区(图2-33)。

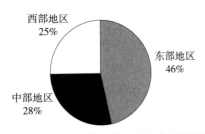

图2-32　2015年各地区商品住宅销售面积占比
(资料来源:中国房地产信息网 www.realestate.cei.gov.cn)

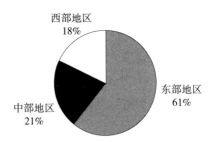

图2-33　2015年我国各地区商品住宅销售额占比

从全国31个省份、自治区、直辖市的情况来看,2015年超过半数省份的商品住宅销售面积恢复为正增长,而2014年正增长的仅有9个省份、直辖市和自治区。2015年商品住宅销售面积同比增长率居前五位的是浙江30.2%、广东28.6%、湖南16.9%、江苏16.8%和江西13.4%(图2-34);而2014年商品住宅销售面积同比增长率居前五位的是西藏135.5%、甘肃6.9%、河南6.8%、湖北5.0%和广西3.8%。由此可见,不包括西藏2014年商品住宅销售面积的跨越式增长,2015年销售面积同比增长普遍大幅高于2014年水平,并且集中在东部发达地区。

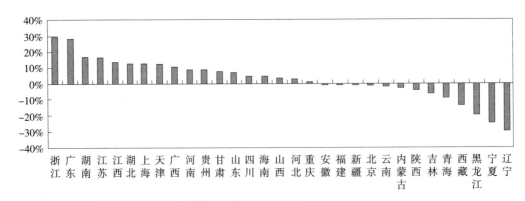

图2-34　2015年各地区商品住宅销售面积同比增长情况
(资料来源:中国房地产信息网 www.realestate.cei.gov.cn)

2015年商品住宅销售额同比增长率居前五位的是上海47.8%、广东43.2%、浙江32.3%、天津25.7%和湖北25.7%(图2-35)。而2014年商品住宅销售额同比增长率前五位的是西藏222.8%、甘肃22.8%、湖北10.1%、广西9.2%和河南8.9%。同样,不包括西藏2014年商品住宅销售额的跨越式增长,2015 年销售额同比增长普遍大幅高于 2014 年水平,并且集中在东部沿海发达地区。

2015 年 12 月我国 70 个大中城市中,新建商品住宅销售价格指数(同比)前十个城市分别是:深圳 147.5、上海 118.2、北京 110.4、广州 109.2、南京 107.9、厦门 106.5、杭州 105.8、武汉 104.5、宁波 103.6 和天津 103.4(图 2-36)。而 2014 年 12 月新建商品住宅销售价格指数前十位城市是厦门 102.1、郑州 100.2、深圳 98.7、合肥 98.1、西宁 97.9、南京 97.3、牡丹江 97.3、贵阳 97.0、兰州 97.0 和常德 96.9。可见,2015 年新建商品住宅销售价格情况远远好于 2014 年,且与 2014 年增长集中在三四线城市不同,2015 年的增长集中在一线城市。

2015 年 12 月我国 70 个大中城市中,新建商品住宅销售价格指数(同比)后十个城市分别为:丹东 94.7、锦州 95.0、湛江 95.0、蚌埠 95.8、岳阳 95.8、襄阳 95.9、西宁 96.0、银川 96.3、包头 96.3、南充 96.3(图 2-37)。而 2014 年后十位的分别为:杭州 89.7、沈阳 92.2、韶关 92.2、桂林

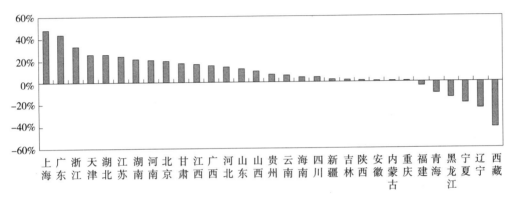

图 2-35　2015 年各地区商品住宅销售额同比增长情况
(资料来源:中国房地产信息网 www.realestate.cei.gov.cn)

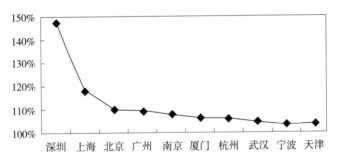

图 2-36　2015 年 12 月新建商品住宅销售价格指数前十位城市(同比)
(资料来源:中国房地产信息网 www.realestate.cei.gov.cn)

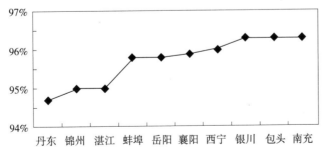

图 2-37　2015 年 12 月新建商品住宅销售价格指数后十位城市(同比)
(资料来源:中国房地产信息网 www.realestate.cei.gov.cn)

92.8、长沙93.1、泸州93.2、青岛93.5、包头93.5、大连93.6和丹东93.9。

2.4.2 二手住房成交状况

与2014年相比，我国城镇二手住房市场在2015年有明显的回暖。2015年排名前十的城市二手住宅价格指数普遍高于去年同期，2015年90m²及以下同比、90～144m²同比、144m²及以上同比最高值分别为深圳144.7、深圳140.3、深圳140.6，而2014年的最高值分别为深圳103、厦门102.1、厦门101，比2015年前十位的最低值还要低。2015年90m²及以下和144m²及以上二手房交易活跃的大多为一、二线特大城市；90～144m²二手房交易活跃的除了一二线城市之外，中、西部一些城市也进入前十（表2-3）。

2015年二手住宅分类价格指数排名情况　　　　表2-3

排名	城市	90m²及以下同比	排名	城市	90～144m²同比	排名	城市	144m²及以上同比
1	深圳	144.7	1	深圳	140.3	1	深圳	140.6
2	北京	120.8	2	北京	120.7	2	北京	121
3	上海	112.6	3	上海	110.9	3	广州	112.6
4	广州	111.9	4	广州	110.3	4	上海	111.2
5	南京	105.2	5	南京	108.2	5	南宁	107.2
6	厦门	104.3	6	厦门	103.8	6	合肥	105.7
7	天津	104.3	7	武汉	103.8	7	南京	105.1
8	杭州	103.9	8	南宁	103.6	8	武汉	103.8
9	武汉	103.7	9	乌鲁木齐	103.5	9	天津	103.4
10	南宁	103.3	10	杭州	103.4	10	杭州	103.4
10	合肥	103.3	10	南昌	103.4	—	—	—
10	泸州	103.3	—	—	—	—	—	—

（资料来源：中国房地产信息网www.realestate.cei.gov.cn）

第3章 2015年中国房地产政策盘点

3.1 稳定住房消费，宏观政策回归市场

2015年是全面深化改革的关键之年，也是新常态下的第二年，今年中国GDP增长速度进一步放缓为6.9%，这是继2014年7.4%之后，GDP增速又一次低于改革开放30年来平均10%左右的高速增长，这标志着中国经济正稳步从高速步入中高速换挡阶段，也标志着房地产业的调整时期已经到来。

2015年全国房地产开发投资95979亿元，比上年增长1%。其中，住宅投资64595元，增长0.4%，这是自2014年1月起，房地产开发投资连续24个月下滑，房地产业在GDP中所占比例大，关联行业占经济比重高，1%的投资增速无疑严重地拖了经济发展的后腿（图3-1）。

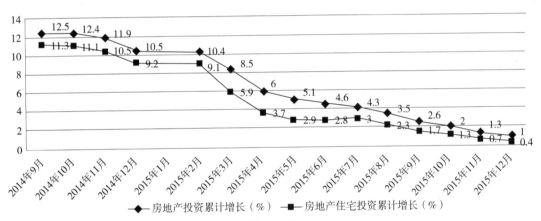

图3-1 2014~2015年度我国房地产投资增速持续下降
（资料来源：中国房地产信息网 www.realestate.cei.gov.cn）

在经济下行的客观规律面前，2015年房地产宏观政策呈现出去行政化、坚持市场化的整体格局。面对经济增长进入"新常态"下房地产市场进入拐点的变局，政府不再利用以往常规政策手段应对短期市场波动，而转向宏观调控新思路，一方面温和放宽调控政策，继续鼓励住房刚需入市以稳定住房消费，另一方面加强重点领域改革，重塑政府与市场"双引擎"，坚决做好人民安居工程建设。

3.1.1 引导货币政策走向宽松，稳定住房消费

进入2015年以来，房地产业状态持续低迷，投资增速一再下滑。对此政府出台了一系列房地产刺激政策，包括多次降息降准、公积金政策调整、下调商业贷款首付比例、松绑外资进入楼市等以刺激楼市消费。

1. 降准——改善房地产资金面

2015年2月5日，央行下调金融机构人民币存款准备金率0.5个百分点，4月20日，中国人民银行再次下调各类存款类金融机构人民币存款准备金1个百分点。存款准备金率下调使银行贷款难度降低，减轻大部分开发商的融资成本，缓解整体资金链紧张的情势。从市场反应来看，降准虽没有带来房地产业的质变，但对于购房者来说银行资金宽裕，还贷压力减小，使购房门槛降低，购房者对市场预期逐渐回升，改善性需求持续释放，逐步缓解去年年末至开年来房地产市场的悲观氛围。

2. 降息——信贷政策持续宽松

央行在2015年年内五次降息，可见信贷政策之宽松（表3-1）。3月1日，央行下调金融机构人民币贷款基准利率0.25个百分点到5.3%，一年期存款基准利率下调0.25个百分点到2.5%。两个月后，央行再次宣布分别下调金融机构人民币贷款和存款基准利率0.25个百分点，个人公积金存贷款利率也相应调整。6月28日，央行再次下调金融机构人民币贷款和存款基准利率，以进一步降低企业融资成本。其中，金融机构一年期贷款基准利率下调0.25个百分点至4.85%，一年期存款基准利率下调0.25个百分点至2%。8月26日，央行第四次下调金融机构人民币贷款和存款基准利率，其中，金融机构一年期贷款基准利率下调0.25个百分点至4.6%，一年期存款基准利率下调0.25个百分点至1.75%。10月24日，央行第五次下调金融机构人民币贷款和存款基准利率，其中，金融机构一年期贷款基准利率下调0.25个百分点至4.35%，一年期存款基准利率下调0.25个百分点至1.5%，其他各档次贷款及存款基准利率、人民银行对金融机构贷款利率相应调整，个人住房公积金贷款利率保持不变。

2015年历次降息后公积金贷款利率表　　　　表3-1

调整时间	5年以下（含）	5年以上
2015年10月24日	2.75%	3.25%
2015年8月26日	2.75%	3.25%
2015年6月26日	3%	3.5%
2015年5月11日	3.25%	3.75%
2015年3月1日	3.5%	4%

（数据来源：中国人民银行官网http://www.pbc.gov.cn/zhengcehuobisi/125207/125213/125440/index.html）

3. 公积金松绑，刺激住房消费积极入市

2015年1月28日，住房和城乡建设部、财政部、央行联合对外发文《关于放宽提取住房公积金支付房租条件的通知》，宣布放宽职工提取住房公积金支付房租条件，今后无房职工在缴存地租房，不再需要提供完税证明和租赁合同备案，只需提供租赁合同、租金缴纳证明或无房证明即可提取住房公积金，且支取时最低缴存时间缩短为3个月，取消房租支出占家庭收入比例的限制。

2015年8月31日，财政部、住房和城乡建设部、央行联合发文《关于调整住房公积金个人住房贷款首付款比例的通知》，通知规定自2015年9月1日起，对拥有1套住房并已结清相应购房贷款的居民家庭，为改善居住条件再次申请住房公积金委托贷款购买住房的，最低首付款比例由30%降低至20%。北京、上海、广州、深圳可在国家统一政策基础上，结合本地实际，自主决定申请住房公积金委托贷款购买第二套住房的最低首付款比例。

2015年11月20日，国务院法制办向社会公开公布《住房公积金管理条例（修订送审稿）》，此次送审稿放宽了公积金提取的条件，将"购买、建造、翻建、大修"自住房中的"翻建、大修"改成了"大修、装修"，将"房租超出家庭工资收入的规定比例"的情形，改成了"无房职工支付自住住房租金"，还新增了"支付自住住房物业费"的情形，也就是说，不仅买房、造房、还房贷可以提取公积金，以后装修、交房租、交物业费都可以提，而且还能同时提配偶的公积金。送审稿明确，申请公积金提取和贷款的时候，不再需要"单位出具证明"。

4. 简化外商房地产投资

2015年8月19日，住房城乡建设部、商务部、国家发展改革委员会联合发布《住房城乡建设部等部门关于调整房地产市场外资准入和管理有关政策的通知》，通知要求外商投资房地产企业注册资本与投资总额比例按一般外商投资企业执行；取消外商投资房地产企业办理境内贷款、境外贷款、外汇借款结汇必须全部缴付注册资本金的要求；取消对境外机构和个人购买自用商品房的"一年、一套"限制；外商投资房地产企业可直接到银行办理外商直接投资项下相关外汇登记。

今年11月6日，商务部、外汇局联合发布《关于进一步改进外商投资房地产备案工作的通知》，通知要求将取消商务部网站备案公示程序，进一步改进外商投资房地产管理工作，简化外商投资房地产企业管理。外商投资房地产业政策规定反映出与国家对房地产宏观调控政策的变化与调控尺度的调整。

从2006年到2015年，商务部以及其他相关行政部门先后颁布了九份重要的政策性文件，从审批管理和外汇监管两方面对房地产业的外资准入进行了严格限制，以抑制境内房地产市场资本过剩过热的现象，但近年来面对宏观经济下行压力下房地产市场出现明显下滑趋势，简化外资投资房地产流程表明了政府力图弱化行政干预手段调控房地产，促进房地产市场健康平稳发展的思路。

5. 下调住房转让费

2015年9月25日，国家发改委、财政部印发《关于降低房屋转让手续费受理商标注册费等部分行政事业性收费标准的通知》。从10月15日起，新建商品住房转让手续费，由现行3元/m²降为2元/m²，存量住房由现行6元/m²降为4元/m²。同时明确，各省可根据当地住房转让服务成本、房地产市场供求状况、房价水平、居民承受能力等因素，进一步适当降低中小城市住房转让手续费标准，减轻居民购房费用负担。

但是由于涉及减免的金额较少，此次政策所传达的国家对促进楼市成交的意图意义要大于实际政策产生的效果意义。由于住房交易手续费本身收费就不是很高，此番手续费价格调整对于购房者来说影响并不大。100元到200元在购房成本比重中微乎其微，甚至可以到忽略不计的程度。

3.1.2 落实地方政府主体责任，分城施策

1. 分城施策的必要性

中国国土面积辽阔，情况各异，今年的政府报告一改以往房地产市场政策由全国统一限购限贷，地方在中央制定的规章下严格执行的情况，强调了地方政府合理调控房地产市场的责任，因地制宜，分城施策。

进入2015年，我国房地产市场城市分化现象较为明显，经济发展不平衡、公共资源不均衡、产业布局不均衡、人口不均衡、库存不均衡、成交量不均衡、政策刺激作用不均衡、房价上涨不均衡是房地产出现新常态的原因。在此基调下，各地方政府依据当地情况，合理出台税费减免、购房补贴等救市政策，分类指导成为房地产市场发展的常态。

今年"330新政"出台后,多数省份统一将二套房最低首付款比例从60%下调为40%;江苏、安徽、江西、四川等省根据当地实际情况,将省会城市的二套房最低首付款比例定为45%,福建省将厦门市的二套房最低首付款比例定为50%,实现了省内住房信贷政策的差异化[①];而一线城市由于市场需求旺盛,据本地情况合理调整,二套房最低首付款比例并未降到底。

2. 住房公积金贷款政策做出明确差异化规定

2015年8月31日,住房和城乡建设部会同财政部、中国人民银行发布的《关于调整住房公积金个人住房贷款首付款比例的通知》中,在对拥有一套住房并已结清相应购房贷款的居民家庭,为改善居住条件再次申请住房公积金委托贷款购买住房的,最低首付款比例由30%降低至20%,通知提出北京、上海、广州、深圳可结合实际,自主决定申请住房公积金委托贷款购买第二套住房的最低首付款比例。这是住房公积金贷款政策首次在差异化方面作出的明确规定。

3.1.3 鼓励自住与改善型两股力量入市

1. "支持改善性住房需求"新提法

2015年的政府工作报告提出以稳定住房消费作为新的消费增长点。工作报告中去掉了"抑制投机投资性需求",加入了"支持改善性住房需求"的新提法。从整体来看,住房需求分为投资性需求和消费性需求,今年政府政策重点落在"稳定住房消费"的需求上,而不是笼统地鼓励住房需求,也并非鼓励投资性需求。因为稳定住房消费不仅仅是经济行为,更是民生需要,"支持居民自住和改善性住房需求"的本质并没有发生变化,让有改善居住环境需求,特别是中低收入家庭产生住房消费,稳定房地产市场,而不是全民买房,哄抬房价。

2. "330新政"等利好政策鼓励改善型住房入市

从今年房地产"去行政化"的调控思路来看,无论是限购的取消,还是限贷的放宽,均在一定程度上刺激了改善型住房需求的释放。2015年3月30日住建部、银监会、央行联合发布《关于个人住房贷款政策有关问题的通知》,通知规定二套房首付比例下调至四成,公积金贷款购买首套房首付最低降至二成,有条件购买第二套住房的家庭受到鼓励,这部分购房需求得以释放。

同时,财政、税务等部门也发文将普通住房营业税征收由5年缩减至2年。从二手房角度来讲,符合这些条件的房源比例将大幅增加,尤其对于改善型需求来讲,营业税免征降低了交易成本,同时由于贷款额度增加导致公积金的使用量持续增加,各地方政府根据当地情况适当放宽公积金政策。例如,北京市公积金管理中心2015年6月1日起执行"认房不认贷"的公积金首套认定标准,对还清贷款的换房人群给予了巨大支持。

3. "自住需求+改善需求"激发市场基本面好转

今年"自住需求+改善需求"两股力量入市激发了市场需求集中释放和爆发,我国目前有大量可以通过"一卖一买"进行二手房买卖的改善型客户,而市场库存产品中很大一部分是大户型或者中高端户型,支持改善性需求可以有效地去库存;其次,改善性需求的积极入市可以改变市场的观望与预期,带动整个市场情绪,同时促进整体居住品质的不断提升。

---

① 数据摘自中国经济网 http://finance.ce.cn/rolling/201509/17/t20150917_6505269.shtml。

3.1.4 统筹保障性安居工程，"保障""去库存"效果兼具

从2011年我国拉开保障房的大幕之后，一副前所未有的保障房政策画卷在"十二五"规划中展开，住建部统计数据表明，从2008年到2014年，全国共改造各类棚户区2080万套、农村危房1565万户，今年棚户区改造目标为580万套，同比增加110万套[①]。虽然2015年"稳定住房消费"旨在加快培育消费增长点，使居民消费成为拉动经济增长的强劲动力，但这并不意味对高房价坐视不管，我国仍是一个发展中国家，住房既是经济问题，又是民生问题，今年政府将在改造棚户区、城市和农村危房方面加大力度，突出保障群众基本居住条件的责任。

1. 保障性安居工程三年计划

2015年6月17日，国务院总理李克强主持召开国务院常务会议，会议决定实施三年计划，2015～2017年我国要开工改造包括城市危房、城中村在内的各类棚户区住房1800万套，农村危房1060万户，同步规划和建设公共交通、水气热、通信等配套设施[②]。同时会议要求，要加快审批，做好土地征收，补偿安置等前期工作。加大政府投入，农村危房改造补助由县级财政直接发放到户，推进棚改货币化安置，推动市县政府购买棚改服务并列入财政融资，对存在缺口的，可依法由省级政府代发地方政府债券予以支持。鼓励以特许经营等方式开展市场化融资，支持加大信贷投放。这些政策无一不显示出国家对于保障性安居工程的高度重视。

2. 推广棚改货币化安置

2015～2017年三年计划的棚户区改造将以货币化安置为主。货币化安置是指在拆迁住宅房屋中，拆迁人将应当用以安置的房屋按规定折算成安置款，由被拆迁人选购住宅房屋自行安置的方式。建设回迁房一般需要两到三年时间，货币化安置可以让动迁居民及时住进新房子，免受过渡之苦，提高了效率，同时被拆迁人员可以按照就近工作等考虑来选择自己的安家位置，同时也可以选择一手房、二手房等。而对于整个棚户区改造工作来说，货币化安置可以不受时间、季节限制，即时完成。迁居过程也更加公开透明。

目前的棚改货币化安置主要包括三种方式：第一种是政府搭建平台，居民与开发企业直接对接选房；第二种方式是政府从开发商那里购买合适的商品房作为安置住房；第三种是老百姓拿到钱自主选择。这些方式都可以有效地满足老百姓多样化的需求，同时利于促进房地产市场发展。

3. "保障"与"去库存"深度衔接

棚改安置方式的选择由两个因素决定的，一是老百姓的意愿，二是房地产市场库存。如果房地产市场有足够的存量住房，能够满足棚户区居民的住房需求，那就可以不新建安置房，直接通过货币化方式解决。随着近几年房地产市场的快速发展，部分城市的库存量较大，如果能将两者有效衔接，一方面可以满足老百姓自主自愿的需求，另外也能消化存量。

今年的政府报告中明确提出，允许将一部分存量房转化为安置住房，这样既能去库存，也可以使老百姓享受更好的居住环境和物业服务，这也是符合百姓意愿的。

随着经济政策的实施和对刚需入市的鼓励，尽管2015年经济下行常态化，我国楼市仍处于调整状态，但是较之2014年下半年，楼市成交量明显回升，使从2014年底至2015年的商品房销售情况增速呈对构型反转，楼市销量趋于平稳（图3-2）。

---

① 数据摘自新华网 http://news.xinhuanet.com/local/2015-07/04/c_127984640.htm。
② 数据摘自新华网 http://news.xinhuanet.com/local/2015-07/04/c_127984640.htm。

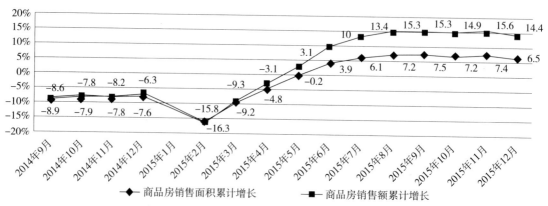

图3-2 2014～2015年全国商品房销售面积及销售额增速情况
（数据来源：国家统计局网站 http://data.stats.gov.cn/easyquery.htm？cn=A01）

3.2 化解房地产库存，市场主旋律鲜明

2015年楼市利好频现，全年商品房销售面积增长由年初的 -16.3% 增长至 6.5%，实现了对于2014年楼市颓势的扭转，但是仍未达到2013年末17.3%的增长水平，市场反应并未如预期热烈，这与我国房地产业库存压力居高不下有密切关系（图3-3）。

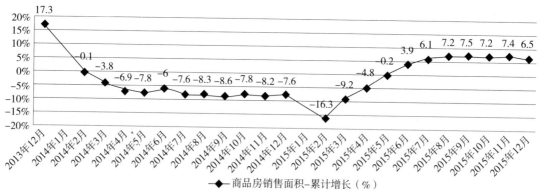

图3-3 2013～2015年全国商品房销售面积增速情况
（数据来源：国家统计局网站 http://data.stats.gov.cn/easyquery.htm？cn=A01）

库存消化周期是库存存量与前三月销售周期的比值，一年左右较为平衡，高于18个月呈现供过于求，低于6个月则供不应求。目前，我国24个重点监测城市中，14个城市库存周期超过18个月。其中，烟台高达43.4个月，沈阳高达39.8个月，青岛25.4个月，徐州、中山分别为24.2个月，无锡也超过24个月[①]。

2015年国家将"去库存"作为工作重点，着重调整房地产产能过剩，发出明确控制信号，市场方面反馈迅速，由于各地房地产商受库存影响，放缓竣工速度，以期平稳度过经济下行下的楼市调整期。2015年全年的商品住宅竣工面积增速远低于2014年同期水平。且自2015年3月起，随着楼市消费回温，商品住宅销售面积累计增速逐渐高于同期竣工面积增速，表面各地去库存政策已逐渐启动，初见成效（图3-4）。

---

① 数据摘自新华网 http://news.xinhuanet.com/house/nn/2015-04-28/c_1115108220.htm。

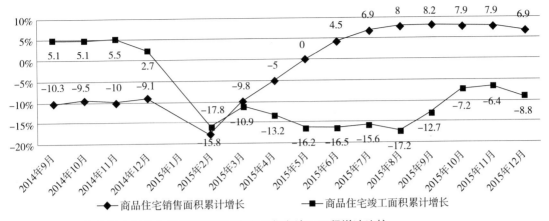

图 3-4 2015 年全国商品住宅销售面积与同期商品住宅竣工面积增速比较
（数据来源：国家统计局网站 http://data.stats.gov.cn/easyquery.htm？cn=A01）

3.2.1 房地产定位常态化，去库存成为短期核心

2015 年，新房和二手房市场改善性需求大量释放，但是房地产投资增速一再回落，"罪魁"之一就是居高不下的库存。受库存压力影响，2015 年以来，房地产投资同比增幅持续放缓已接近 2009 年 2 月的历史最低值，房地产下降直接拖累经济增长，今年前三季度，房地产投资对经济增长的直接贡献率已降到只有 0.04 个百分点，创下 2000 年以来的新低，几乎要落入负增长贡献轨道[1]。库存高企，连锁反应就是与之组成上下游链条的矿业、工业等一损俱损，影响到整体经济运行。

1. 高库存压力下房地产投资增速回落明显

目前，我国对于全国房地产库存量并没有统一数据，根据统计局 11 月公布的 2015 年 1~10 月房地产数据，截至 10 月底，全国商品房待售面积 68632 万 m^2，比 9 月末增加 2122 万 m^2。其中，住宅待售面积增加 1180 万 m^2，再创历史新高。库存的持续高位对房地产投资数据产生了巨大的负面影响。根据统计局数据，1~10 月，全国房地产开发投资 78801 亿元，同比名义增长 2.0%，增速比 1~9 月份回落 0.6 个百分点，创历史新低。

2. 宏观经济触底阶段，"宽货币、严信贷"成为住特征

2015 年信贷政策逐步放宽，但降息降准并没有改变银行"惜贷"行为，银行对于中小房企的贷款仍然是比较谨慎，并没有出现实质性松动，金融机构甚至为了控制楼市投资风险已经开始对中小企业"停贷"、"锁房"，这些因素成为 2015 年上半年类似于深圳、杭州、上海等房企被"锁房"而导致企业资金面临危机的导火索。

"330 新政"发布后，全国大多数城市的银行，比如广州、深圳、上海、南京、苏州、沈阳等，并未完全落实新政措施，甚至有少数城市，比如上海、广州开始收紧二套房贷政策。房地产库存居高不下，使得金融机构为规避市场风险，暂缓或缩水执行二套首付降至四成的政策，银行对于楼市的"惜贷"行为并未改变。

3. 摆脱土地财政，活络房地产

化解房地产库存位列 2015 年中央经济工作会议的"四个歼灭战"之一，其目的并不在于继续推助楼市，而是帮助地方政府在这个过程中逐步摆脱土地财政和房地产依赖症，让房地产重新活络

---

[1] 数据摘自人民网 http://paper.people.com.cn/rmrb/html/2015-12/25/nw.D110000renmrb_20151225_2-02.htm.

起来。

让房地产市场重新活络起来，买卖流动是最重要的，中央没有就具体地方、具体库存数据作出硬性安排，并没有要解决多少套库存的说法。政策布局是全局性的，更重要的是借助市场的力量引导资源配置供需流动。另一方面，在过去较长的时间内，地方政府对于土地政策和房地产有很大的依赖，当前房地产开发投资增速的大幅回落在很大程度上影响到了GDP，也影响到了地方财政，这些问题都将在地方政府去库存过程中逐步解决。

3.2.2 财政金融政策持续放宽，但城市、区域楼市分化现象严重

压力分化是今年楼市最突出的特点。分区域看，2015年1~11月份，东部地区商品房销售面积同比增长9.6%，增速比1~10月份提高0.3个百分点；而西部地区商品房销售面积同比增长3.8%，增速回落0.1个百分点[1]。过去几年全国范围内住房需求同时涨跌的局面终结，楼市进入了一个全面大分化时期。

1. 调控与货币政策走向宽松，一线城市及部分二线城市基本面好转

在今年宏观经济触底的情况下，货币政策走向宽松，楼市调控政策开始松动，各地"救市"政策频发，取消限购、降低首套首付、鼓励改善性需求入市、税费补贴等，同时房地产市场适当炒作，一带一路、京津冀一体化、自贸区、轨道交通、新区规划等政策的获批，政策热点效应助力推动区域房地产市场热度升温，一线城市和部分二线城市，人口基本面较好，市场反馈迅速，住房需求持续高涨，呈现出需求旺、消化快、调整时间较短的趋势，住房销售面积与销售额实现同步上涨。

2. 二线城市结构优化，加速去库存的进程

其他二线城市和部分三线城市跟从国家产业结构优化指导，逐步进入减少规模优化质量阶段，通过减少数量以稳定楼市价格，2015年下半年，二线城市存销比普遍降低，15个月以下去化周期的城市房价中有升，比如合肥、南京、南昌、苏州、石家庄等城市[2]，而15个月以上去化周期的城市楼市还有去库存压力，但部分城市由于加速去库存，市场去化周期将回归至合理区间，但是仍然存在一定的库存压力。

3. 松绑政策对三四线城市影响不大

部分三线城市和四线城市由于市场供应已经绝对过剩，大量库存使资金的压力非常大，金融机构对房地产开发贷款的态度十分审慎，2015年几次降息降准都没能使三、四线城市楼市价格迅速回升。同时由于三、四线城市本身经济发展相对落后，升值潜力小，因此需求总体乏力，调整时间较长，库存现象仍然严重。

3.2.3 合理安排用地配置，优化土地结构调整

2015年3月，国土资源部、住房城乡建设部联合下发通知《关于优化2015年住房及用地供应结构促进房地产市场平稳健康发展的通知》（国土资发〔2015〕37号），优化住房及用地供应结构，促进房地产市场平稳健康发展。《通知》对于用地偏多或在建规模过大的地区提出了明确减少供应量的要求，而对供应紧张的地区则可视情况放宽需求，分区域管理土地供应，使市场供应关系维持

---

[1] 数据摘自人民网 http://paper.people.com.cn/rmrb/html/2015-12/25/nw.D110000renmrb_20151225_2-02.htm。
[2] 数据摘自人民网 http://paper.people.com.cn/rmrb/html/2015-12/25/nw.D110000renmrb_20151225_2-02.htm。

在平稳状态内①。

1. 合理安排住房及用地规模，高库存地区要暂停土地供应

《通知》中提出要合理安排住房和用地供应规模，对住房供应明显偏多、或在建住宅用地规模过大的市、县应减少住宅用地供应量直至暂停计划供应；住房供求矛盾比较突出的热点城市，应根据市场实际情况有效增加住宅用地供应规模。这对于存量较高的部分三、四线城市来说，将从供应和消化两个方面逐步扭转现阶段这些城市供应严重大于需求的问题，一方面控制房地产市场的进口，减少土地供应，另一方面打开市场的出口，增加购房需求，从而逐步稳定地方市场的房屋销售价格，引导地方城市房地产向平稳健康的方向发展。

2. 优化住房及用地供应结构，允许未开发房地产用地转型

《通知》提到，要优化住房供应套型，促进用地结构调整。对在建商品住房项目，在不改变用地性质和容积率等必要规划条件的前提下，允许对不适应市场需求的住房户型做出调整，支持居民自住和改善性住房需求，房地产供应明显偏多或在建房地产规模过大的市、县，可以根据市场状况，研究制定未开发房地产用地的用途转换方案，用于新型产业、养老产业、文化产业、体育产业等项目用途的开发建设。这条规定为滞销地块及项目提供了新的机会，开发商手中的高风险地块可以申请改变产品类型，滞销项目可以申请调整户型产品，从而打破市场困局。政策有助于解决目前我国三四线城市库存过剩、土地供应无序的问题，将从供应和消化两个方面逐步扭转供大于求的问题，逐步稳定房价②。

3. 统筹保障性安居工程建设

《通知》中对于保障性安居工程给予了一定鼓励，对于整体购买在建房地产项目用于棚改安置房和公共租赁住房，或将尚未开工建设的房地产用地转为棚改安置房和公共租赁住房用地的，允许其适当调整规划建设条件，优化户型结构，并完善配套用地手续。

同时，《通知》提出要多措并举，统筹保障性安居工程建设。进一步加大住房保障货币化工作力度，市、县可以将符合条件的商品住房作为棚改安置房和公共租赁住房房源。目前房地产市场萎靡，尤其是三、四线城市的商品房存量过大。此举把保障房的建设与商品房过剩的现状相联系，有利于实现"保障"和"去库存"双重目标。

打通保障房与商品房之间的关联是一个创新性调控思路。既满足了房地产去库存的需要，又适应了2015年"740万套的保障房目标"③，是政府调整产业结构，促进民生工程的一大特色。目前，这一政策已经逐步进入实质性释放阶段，其中，被视为向房地产市场定向提供信贷流动性手段的棚户区改造货币化补偿安置已经陆续到位。

3.2.4 加快供给侧改革，鼓励租赁市场规范发展

据住房城乡建设部提供的数据，目前，通过市场租赁解决居住的总人口就达到1亿人以上，年租金已经突破1万亿元。这表示我国居民的消费观念正逐步从购买住房向租赁住房并举转变，购租并举的住房制度成为我国房地产发展新方向。李克强总理在2015年12月的中央城市工作会议上指出，以农民工为主要代表的新市民群体成为楼市最大潜在购买者，落实户籍制度改革方案，允许农

---

① 《关于优化2015年住房及用地供应结构促进房地产市场平稳健康发展的通知》（国土资发〔2015〕37号）http://www.mlr.gov.cn/zwgk/zytz/201503/t20150327_1346321.htm。
② 摘自中国新闻网 http://finance.chinanews.com/house/2015/03-30/7167765.shtml。
③ 数据摘自第一财经 http://www.yicai.com/news/4722256.html。

业转移人口等非户籍人口在就业地落户,使他们形成在就业地买房或长期租房的预期和需求。这一政策的重心是新型城镇化,有利于开辟新的住房市场,政府帮助农村居民在城市定居,并购买房屋,结合了新型城镇化和去库存两个战略目标。

全国房地产存量巨大,直接导致房地产产业运势走低,投资缩水,产能下降。2015年,全国商品住宅竣工面积远远低于2014年同期水平,受库存影响,新开工商品住宅面积也低于2014年同期水平,2~12月份,商品住宅施工面积持续减少,居高不下的楼市库存量对产业的平稳发展产生了巨大威胁。在"去库存"的主旋律下,市场积极响应政策号召,多角度尝试推进"去库存"目标,最终,2015年房地产现房销售面积较之2014年实现小幅增长(图3-5)。

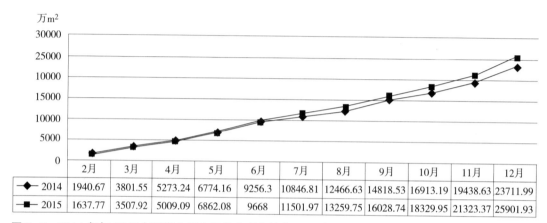

图3-5 2014年与2015年同期全国商品住宅现房销售面积增速情况
(数据来源:国家统计局网站 http://data.stats.gov.cn/easyquery.htm? cn=A01)

房地产去库存是一个长期且缓慢的过程,前些年地产发展过快、产能过剩,其遗留下的问题必须有多角度多层次的解决方法,2015年,国家将"去库存"作为中央经济工作会议的"四个歼灭战"之一,显示出对其的高度重视,持续努力下,2016年第一季度商品住宅新开工与竣工面积有所回升(图3-6),但是"去库存"的战争还仍将持续。

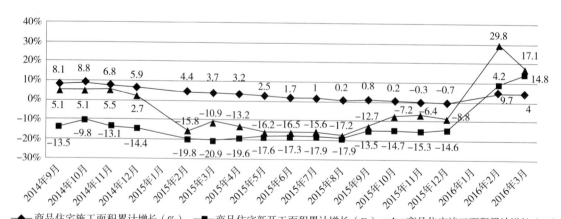

图3-6 2014~2016年全国商品住宅施工、新开工、竣工面积情况
(数据来源:国家统计局网站 http://data.stats.gov.cn/easyquery.htm? cn=A01)

3.3 四大城市"分城施策",促进住房刚需释放

进入2015年,面对金融行业整体下行带来的房市萎缩,地方政府分城施策,谨慎出台救市策略,积极去库存(图3-7、图3-8)。各城市响应中央号召,积极支持改善型住房需求释放。北京、上海、广州、深圳四大超大城市并未放松限购,但住房政策也以刺激楼市、放宽购房限制为主,公积金由政府掌控,执行相对容易,有利于刚性住房需求的释放,成为2015年各地政府的首选项,而且效果甚佳,下半年市场回升明显。

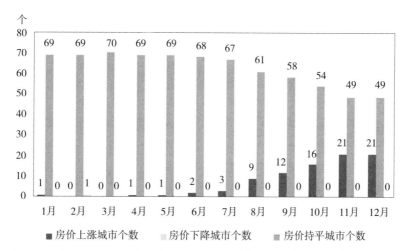

图3-7 2015年全国70个大、中城市新建住宅销售价格月同比上涨、持平、下降个数情况

(数据来源:国家统计局网站 http://data.stats.gov.cn/swf.htm？m=turnto&id=558)

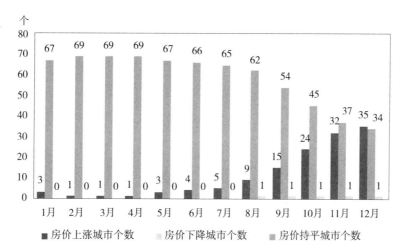

图3-8 2015年全国70个大、中城市二手房住宅销售价格月同比上涨、持平、下降个数情况

(数据来源:国家统计局网站 http://data.stats.gov.cn/swf.htm？m=turnto&id=558)

3.3.1 北京市——公积金政策持续放宽,保障性住房迎来新思路

1. 公积金政策持续放宽

2015年3月1日起,根据《中国人民银行关于下调金融机构人民币存贷款基准利率并扩大存款利率浮动区间的通知》(银发〔2015〕61号)的规定,北京住房公积金管理中心下调北京个人住房

公积金存贷款利率。其中，5年期（含）以下的公积金贷款利率由3.75%下调至3.50%，5年期以上的贷款利率由4.25%下调至4.00%，均下降了0.25个百分点。

2015年5月11日起，北京住房公积金管理中心根据《中国人民银行关于下调金融机构人民币贷款和存款基准利率并进一步推进利率市场化改革的通知》（银发〔2015〕143号）调整公积金利率，通知规定，自5月11日起，下调北京个人住房公积金存贷款利率。其中，5年期（含）以下的公积金贷款利率由3.50%下调至3.25%，5年期以上的贷款利率由4.00%下调至3.75%，均下降了0.25个百分点。

2015年5月29日，北京住房公积金管理中心发布《关于住房公积金个人贷款政策有关问题的通知》（京房公积金发〔2015〕22号）。对于在北京市住房和城乡建设委员会房屋交易权属信息查询系统中显示无房的借款申请人，执行首套自住住房贷款政策，最低首付款比例为20%，贷款最高额度为120万元。对于在北京市住房和城乡建设委员会房屋交易权属信息查询系统中显示有1套住房并已结清相应住房公积金个人贷款（含住房公积金政策性贴息贷款）购买第二套普通自住住房的借款申请人，执行第二套住房贷款政策，最低首付款比例为30%，贷款最高额度为80万元。

2015年6月28日起，根据《中国人民银行关于下调金融机构人民币贷款和存款基准利率的通知》（银发〔2015〕196号）的规定，北京住房公积金管理中心下调北京个人住房公积金存贷款利率。其中，5年期（含）以下的公积金贷款利率由3.25%下调至3.00%，5年期以上的贷款利率由3.75%下调至3.50%，再次下降0.25个百分点。

2015年8月26日起，根据《中国人民银行关于下调金融机构人民币贷款和存款基准利率并进一步推进利率市场化改革的通知》（银发〔2015〕265号）的规定，调整北京住房公积金管理中心住房公积金存贷款利率。其中，5年期（含）以下的公积金贷款利率由3.00%下调至2.75%，5年期以上的贷款利率由3.50%下调至3.25%，下降了0.25个百分点。这是本年内第四次调整公积金贷款利率。

2015年8月31日，根据《住房城乡建设部、财政部、中国人民银行关于调整住房公积金个人住房贷款购房最低首付款比例的通知》（建金〔2015〕128号），9月14日，北京市住房公积金管理中心响应三部门通知，即日起北京调整二套房公积金贷款最低首付款比例。拥有1套住房并已结清公积金贷款的，二套房公积金贷款最低首付款比例从30%降至20%。

2.合作型保障房入法

2015年1月24日，北京市住建委副主任、新闻发言人王荣武在北京市人民代表大会首场新闻发布会上表示，今年解决完所有已备案保障房轮候家庭住房问题之后，将不再建设经济适用住房，这意味着从20世纪90年代推出的经济适用房将成为历史。

经过多年的建设，北京现有保障成分的商品房有效地解决了大量居民的住房问题，在基本住房保障制度建设方面，《北京市城镇基本住房保障条例（草案）》已经市人大常委会两次审议，立法调查工作于5月7日全面启动，将根据实际情况继续审议。该《条例》创造性地提出了租赁型保障房和合作型保障房两种基本住房保障方式。此前，北京已选择丰台高立庄、石景山南宫、石景山五里坨、通州土桥4个项目进行合作型保障房试点，共计可提供房源5000套，均由公租房改为合作型保障房。

合作型保障房是指符合保障条件的居民家庭和政府合作建设，由家庭承担房屋建设费用，由政府提供建设用地，限定住房面积，并实行封闭运行管理，居民家庭退出时，由政府组织回购的住房。这里所说的房屋建设费用，包括房屋建设安装费、配套建设费、代建费用等，具体金额由区、县价格部门会同住房保障行政管理部门确定。合作型保障房的单套建筑面积控制在60平方米以下。合作型保障房不发放产权证，不允许出租、出借。

3. 北京正式实施不动产统一登记制度

2015年3月1日起,北京开始实施《不动产统一登记暂行条例》。《条例》于2014年年底颁布时,北京市已成立了不动产统一登记联席会议,不动产统一登记今年将完成市区两级不动产登记机构职责的整合。不动产统一登记的实施,可以保护产权人的权益,同时掌握基础数据。2015年11月9日起,开始实施不动产统一登记制度并启用不动产登记簿证。

3.3.2 上海市——松绑住房公积金贷款,定向放松住房限购

1. 大幅上调住房公积金贷款额度,放宽公积金支付房租条件

为了更好地支持居民自住和改善性住房需求,加大对缴存职工购房的支持力度,根据《关于发展住房公积金个人住房贷款业务的通知》(建金〔2014〕148号)精神,上海市自2015年4月15日起调整本市住房公积金贷款额度上限和二手房贷款年限有关问题,购买首套房及二套普通住宅,个人和家庭公积金贷款上限分别由30万元、60万元大幅上调至50万元、100万元。缴存补充公积金的,各自额度可再分别增加10万元、20万元。购买改善性第二套非普通商品房,公积金最高贷款额度做相应调整,上限为每户家庭100万元(表3-2)。

调整前后住房公积金最高贷款额度对比表　　　　表3-2

政策	类别	首套住房或改善型第二套普通住房		改善型第二套非普通住房	
		个人额度(元)	2人以上家庭额度(元)	个人额度(元)	2人以上家庭额度(元)
调整前	公积金最高额度	30万	60万	20万	40万
	补充公积金最高额度	10万	20万	10万	20万
	合计	40万	80万	30万	60万
调整后	公积金最高额度	50万	100万	40万	80万
	补充公积金最高额度	10万	20万	10万	20万
	合计	60万	120万	50万	100万

(数据来源:上海住房公积金网 http://www.shgjj.com/html/zyxw/79599.html)

同日,上海市公积金管理中心根据《关于放宽提取住房公积金支付房租条件的通知》(建金〔2015〕19号),就本市提取住房公积金支付房租有关事项作出调整,规定凡职工连续缴存满3个月,本人及配偶在本市无自有住房且租赁住房的,可提取夫妻双方住房公积金支付房租,同时不再设定房租收入比限制。此外,上海还大幅简化了提取要件,对租住其他住房的(包括商品住房、公有住房、售后公房、由单位提供的住房等),申请人只需提供本人及配偶名下无房产的证明即可,无须提供房屋租赁合同、纳税证明等资料。为方便职工办理无房证明,申请人也可通过授权委托方式由市公积金管理中心集中代为查询办理。

2. 下调公积金贷款利率

2015年3月1日,根据《中国人民银行关于下调金融机构人民币存贷款基准利率并扩大存款利率浮动区间的通知》(银发〔2015〕61号),上海市住房公积金管理中心下调个人住房公积金贷款利率,五年期以上个人住房公积金贷款利率由4.25%下调至4.00%;五年期以下(含五年)个人住房公积金贷款利率由3.75%下调至3.50%。

2015年5月11日,根据《中国人民银行关于下调金融机构人民币贷款和存款基准利率并进一

步推进利率市场化改革的通知》(银发〔2015〕143号),上海市住房公积金管理中心下调个人住房公积金贷款利率,五年期以上个人住房公积金贷款利率由4.00%下调至3.75%;五年期以下(含五年)个人住房公积金贷款利率由3.50%下调至3.25%。

2015年6月29日,根据《中国人民银行关于下调金融机构人民币贷款和存款基准利率并进一步推进利率市场化改革的通知》(银发〔2015〕196号),上海市住房公积金管理中心下调个人住房公积金贷款利率。五年期以上个人住房公积金贷款利率由3.75%下调至3.50%;五年期以下(含五年)个人住房公积金贷款利率由3.25%下调至3.00%。

2015年8月26日,根据《中国人民银行关于下调金融机构人民币贷款和存款基准利率并进一步推进利率市场化改革的通知》(银发〔2015〕265号),上海市住房公积金管理中心下调个人住房公积金贷款利率,五年期以上个人住房公积金贷款利率由3.50%下调至3.25%;五年期以下(含五年)个人住房公积金贷款利率由3.00%下调至2.75%。

3. 调整非沪籍购房政策,定向放松住房限购政策

2015年7月5日,上海发布新政《关于深化人才工作体制机制改革促进人才创新创业的实施意见》。《意见》规定,对达到上海市居住证积分标准分值且缴纳个人所得税达到一定数额或职工社会保险缴费基数达到一定标准的非沪籍人员,定向微调住房限购政策。这部分符合条件的非沪籍人才,今后有资格在沪购房。对达到上海市居住证积分标准分值且缴纳个人所得税达到一定数额或职工社会保险缴费基数达到一定标准的非沪籍人员,定向微调住房限购政策。

3.3.3 广州市——放宽公积金贷款,扩大住房保障面

2014年,广州公积金中心曾出台公积金贷款新政意见征询稿,涉及内容包括不予公积金二次贷款、提高公积金缴存年限、更改公积金贷款额度计算公式等,成为全国最严公积金贷款新政,在市场引起轩然大波。2015年广州市针对本市公积金资金紧张、贷款申请严重、影响楼盘公积金贷款接受度的问题,提出公积金贴息贷款等公积金放宽政策,楼市迎来政策大利好。

1. 放宽住房公积金贷款

2015年6月7日,为支持住房公积金缴存职工购买首套和改善型自住房,广州市住房公积金管理委员会发布《广州市住房公积金管理委员会关于我市住房公积金贷款有关问题的通知》(穗公积金管委会〔2015〕1号),决定从2015年6月8日起调整住房公积金贷款政策,在广州连续足额缴存住房公积金6个月(含)以上,可申请住房公积金个人住房贷款。

同时,新政策降低了首付款比例,对申请个人住房公积金贷款购买首套普通自住房的缴存职工家庭,最低首付款比例为20%,贷款利率为个人住房公积金贷款基准利率;对拥有一套住房但无贷款记录或者拥有一套住房并已结清相应购房贷款的缴存职工家庭,申请个人住房公积金贷款购买普通自住房,最低首付款比例为30%;对拥有一套住房但未结清相应购房贷款的家庭,申请个人住房公积金贷款购买普通自住房,贷款最低首付款比例为40%。

2015年12月25日,广州市住房公积金管理委员会发出《广州市住房公积金管理委员会关于放宽租房提取住房公积金条件的通知》(穗公积金管委会〔2015〕5号),支持职工使用住房公积金支付房租。《通知》规定职工在广州连续足额缴存满3个月,本人及其配偶在广州行政区域内无自有产权住房且租赁住房的,夫妻双方均可申请提取住房公积金用于支付房租。

2. 广州市住房公积金可贴息贷款

2015年10月23日,广州市住房公积金中心发布《关于印发〈广州市住房公积金贴息贷款实施

办法〉的通知》(穗公积金管委会〔2015〕2号),广州市将正式开展个人住房公积金贴息贷款业务,以及个人住房抵押贷款证券化业务。

所谓的住房公积金贴息贷款,是指商业银行向购房者提供贷款,由公积金中心补贴商业贷款和公积金贷款之间的利息差。广州的公积金贴息贷款从2015年10月26日正式启动,按照"先付后贴"原则,由借款人先按商业性住房贷款利率归还贷款本息,之后商业贷款利息与公积金贷款利息的差额也即贴息的款项,再由公积金中心在还款次月委托承办银行转入借款人的还款账户,而且商业贷款利率超过国家基准贷款利率的部分不予以贴息。

3. 广州公租房申请准入条件放宽,住房租赁补贴标准提高

2015年9月1日,《广州市人民政府办公厅关于加强户籍家庭住房保障工作的实施意见》(穗府办〔2015〕46号)印发实施,将户籍家庭公共租赁住房保障范围从低收入住房困难家庭扩大至中等偏下收入住房困难家庭,住房租赁补贴标准从20元/m^2提高到25元/m^2。同时对公共租赁住房保障收入线准入标准作双调整,三人家庭收入线准入标准从年人均可支配收入20663元/年调整至29434元/年(两人家庭调整至32377元/年,1人家庭调整至35321元/年),调整幅度达42.4%,家庭资产净额限额也相应调整。广州市民申请公租房传来申请门槛降低、住房租赁补贴标准提高的大利好。

4. 试点建立共有产权住房供应制度

2015年4月,广东省房协发布《2015广东房地产蓝皮书》。在《蓝皮书》中,广东省住建厅住房保障处撰文称,今年将建立健全共有产权住房供应制度,帮助"夹心阶层"首次置业。《蓝皮书》称,将加强完成深圳等市共有产权住房建设试点工作,积极探索完善共有产权住房制度。全省逐步扩大共有产权住房实施范围,满足中等收入家庭实现首次置业。在进一步加强政府主导建设方式的同时,探索开展企业代建代管、商品房项目配建、企事业单位利用自有土地建设、产业园区集中配建和集体建设用地建设等多种方式建设保障房。

3.3.4 深圳市——宽信贷引发楼市暴涨

2015年,深圳楼市呈现出"另类"繁荣,新房成交面积超过660万m^2,同比增长65%,成交均价较2014年上涨近四成,均价4万元/m^2以上;二手房市场更是火爆,全市二手住宅共成交约1060万m^2,相比2014年大幅增长约120%,成交均价也呈现快速上涨,目前也接近4.5万元/m^2。无论是新房还是二手房,深圳过去这一年的房价涨幅均领涨全国,将上海、北京远远抛在了身后。人口增速稳定,有效需求强劲,前所未有的宽信贷成为深圳楼市涨势疯狂的主因。

2015年3月30日,国家税务总局官网发布的《财政部 国家税务总局关于调整个人住房转让营业税政策的通知》(财税〔2015〕39号)规定,个人将购买不足2年的住房对外销售的,全额征收营业税;个人将购买2年以上(含2年)的非普通住房对外销售的,按照其销售收入减去购买房屋的价款后的差额征收营业税;个人将购买2年以上(含2年)的普通住房对外销售的,免征营业税。对于此次的"330新政",深圳市积极落地实施,4月1日起,纳税人已无须额外到税务机关办理相关优惠事项,房屋产权登记中心在办理产权过户时会自动按照新政策进行免税处理。

2015年4月3日,深圳市住房公积金管理委员会办公室发布《关于执行住房公积金贷款首付比例有关问题的通知》(深公积金委办〔2015〕1号),《通知》规定:对使用住房公积金贷款购买首套普通自住住房的家庭,首付款比例降为20%。对拥有1套住房并已结清住房公积金贷款的住房公积金缴存职工家庭,为改善居住条件再次申请住房公积金贷款购买普通自住住房的,首付款比例为30%。《通知》自2015年4月7日起实施。

2015年房地产相关政策汇总 表3-3

政策类型	颁布日期	颁布部门	文件、会议名称	主要内容
房地产政策	2015.1.20	住房城乡建设部、财政部、人民银行	《关于放宽提取住房公积金支付房租条件的通知》（建金〔2015〕19号）	通知宣布放宽职工提取住房公积金支付房租条件，今后无房职工在缴存地租房，不再需要提供完税证明和租赁合同备案，只需提供租赁合同、租金缴纳证明或无房证明即可提取住房公积金，且支取时最低缴存时间缩短为3个月，取消房租支出占家庭收入比例限制
金融政策	2015.2.5	中国人民银行	下调金融机构人民币存款准备金率	央行下调金融机构人民币存款准备金率0.5%
金融政策	2015.3.1	中国人民银行	下调金融机构贷款基准利率和存款基准利率	下调金融机构人民币贷款基准利率和存款基准利率，金融机构一年期贷款基准利率下调0.25个百分点到5.35%；一年期存款基准利率下调0.25个百分点到2.50%
房地产政策	2015.3.30	中国人民银行、住房城乡建设部、中国银行业监督管理委员会	《关于个人住房贷款政策有关问题的通知》（银发〔2015〕98）	《通知》规定，二套房贷款最低首付比例降至四成，同日，财政部发布《通知》明确表示，个人将购买2年以上（含2年）的普通住房对外销售的，免征营业税。此举为"鼓励自住及改善需求的政策"，提高购房者利用金融和财政手段的支付能力
金融政策	2015.4.20	中国人民银行	下调各类存款类金融机构存款准备金率	2015年第二次降准，下调各类存款类金融机构人民币存款准备金率1个百分点
金融政策	2015.5.11	中国人民银行	存贷款对称降息0.25%	自5月11日起，一年期存款基准利率下调0.25个百分点至2.25%，同时结合推进利率市场化改革，将金融机构存款利率浮动区间的上限由存款基准利率的1.3倍调整为1.5倍；其他各档次贷款及存款基准利率、个人住房公积金存贷款利率相应调整
金融政策	2015.6.28	中国人民银行	下调金融机构人民币贷款和存款基准利率	金融机构一年期贷款基准利率下调0.25个百分点至4.85%；一年期存款基准利率下调0.25个百分点至2%；其他各档次贷款及存款基准利率、个人住房公积金存贷款利率相应调整
金融政策	2015.8.26	中国人民银行	下调金融机构人民币贷款和存款基准利率	金融机构一年期贷款基准利率下调0.25个百分点至4.6%；一年期存款基准利率下调0.25个百分点至1.75%；其他各档次贷款及存款基准利率、个人住房公积金存贷款利率相应调整
金融政策	2015.9.25	国家发展改革委、财政部	《关于降低住房转让手续费受理商标注册费等部分行政事业性收费标准的通知》（发改价格〔2015〕2136号）	从10月15日起，新建商品住房转让手续费，由现行每平方米3元降为每平方米2元，存量住房由现行每平方米6元降为每平方米4元。各省可根据当地住房转让服务成本、房地产市场供求状况、房价水平、居民承受能力等因素，进一步适当降低中小城市住房转让手续费标准，减轻居民购房费用负担
房地产政策	2015.8.27	住房城乡建设部、财政部、中国人民银行	《关于调整住房公积金个人住房贷款购房最低首付款比例的通知》（建金〔2015〕128号）	规定自2015年9月1日起，对拥有1套住房并已结清相应购房贷款的居民家庭，为改善居住条件再次申请住房公积金委托贷款购买住房的，最低首付款比例由30%降低至20%。北京、上海、广州、深圳可在国家统一政策基础上，结合本地实际，自主决定申请住房公积金委托贷款购买第二套住房的最低首付款比例
金融政策	2015.9.15	住房和城乡建设部	《住房城乡建设部关于住房公积金异地个人住房贷款有关操作问题的通知》（建金〔2015〕135号）	该《通知》明确了公积金异地贷款的职责分工及办理流程，并要求各城市公积金管理部门抓紧出台相关细则

续表

政策类型	颁布日期	颁布部门	文件、会议名称	主要内容
房地产政策	2015.9.24	人民银行、银监会	《关于进一步完善差别化住房信贷政策有关问题的通知》	《通知》要求在不实施"限购"措施的城市，对居民家庭首次购买普通住房的商业性个人住房贷款，最低首付款比例调整为不低于25%。这意味着，除北京、上海、广州、深圳、三亚五个城市以外，其他城市首次置业的居民家庭可以享受25%的首付比例
金融政策	2015.9.29	住房城乡建设部、财政部、中国人民银行	《关于切实提高住房公积金使用效率的通知》（建金〔2015〕150号）	10月8日起全面推行住房公积金异地贷款。《通知》提出，缴存职工在缴存地以外地区购房，可按购房地住房公积金个人住房贷款政策向购房地住房公积金管理中心申请个人住房贷款。缴存地和购房地住房公积金管理中心应相互配合，及时出具、确认缴存证明等材料，办理贷款手续。具体办法由住房和城乡建设部另行制定
房地产政策	2015.11.6	商务部、外汇局	《关于进一步改进外商投资房地产备案工作的通知》（商资函〔2015〕895号）	《通知》要求，将取消商务部网站备案公示程序，进一步改进外商投资房地产管理工作，简化外商投资房地产企业管理。外商投资房地产业政策规定反映出与国家对房地产宏观调控政策的变化与调控尺度的调整
金融政策	2015.11.20	国务院法制办	《住房公积金管理条例（修订送审稿）》	送审稿放宽了公积金提取的条件，表示不仅买房、造房、还房贷可以提取公积金，以后装修、交房租、交物业费都可以提，而且还能同时提配偶的公积金。送审稿明确，申请公积金提取和贷款的时候，不再需要"单位出具证明"

外商投资房地产业相关规定历史沿革　　　　　　　　　　　　表3-4

颁布日期	颁布部门	文件、会议名称	主要内容
2006.7.11	建设部、商务部、国家发展和改革委员会、中国人民银行、国家工商行政管理总局、国家外汇管理局	《关于规范房地产市场外资准入和管理的意见》（建住房〔2006〕171号）	确立外商投资房地产的"商业存在"原则并就外资房地产企业设立较高注册资本金比例；设置贷款和结汇门槛，禁止固定回报；确定境外机构个人购房的"自用"及"一年、一套"原则
2006.8.14	商务部办公厅	《商务部办公厅关于贯彻落实<关于规范房地产市场外资准入和管理的意见>有关问题的通知》（商资字〔2006〕192号）	就外商投资房地产企业的审批和管理的相关问题进一步细化和明确
2006.9.1	国家外汇管理局、建设部	《国家外汇管理局、建设部关于规范房地产市场外汇管理有关问题的通知》（汇发〔2006〕第47号）	房地产市场外资准入和管理所涉及外汇管理事宜的细化；明确外商投资房地产企业注册资本未全部缴付的，或未取得《国有土地使用证》的，或开发项目资本金未达到项目投资总额的35%的，不得借用外债
2007.5.23	商务部、国家外汇管理局	《商务部、国家外汇管理局关于进一步加强、规范外商直接投资房地产审批和监管的通知》（商资函〔2007〕50号）	确立外商投资从事房地产开发、经营的"项目公司"原则；严格控制以返程投资方式并购或投资境内房地产企业、明确设立外商投资房地产企业，应及时依法向商务部备案，未办理商务部备案手续将无法办理资本项目结售汇
2007.7.10	国家外汇管理局	《国家外汇管理局综合司关于下发第一批通过商务部备案的外商投资房地产项目名单的通知》（汇综发〔2007〕130号）	以2007年6月1日为限，此日期及之后取得商务部主管部门批准证书且通过商务部备案的外商投资房地产企业（包括新设和增资），不得举借外债；该日起及之后未通过商务部备案的外商投资房地产企业，不予办理外汇登记（或登记变更）及资本项目结售汇手续

续表

颁布日期	颁布部门	文件、会议名称	主要内容
2007.11.12	国家外汇管理局	《国家外汇管理局综合司关于外商投资房地产企业外债登记有关问题的批复》（汇综复〔2007〕118号）	2007年6月1日（含）以后增资的外商投资房地产企业，可在未使用完的投资总额与注册资本之间的差额范围内按相关规定举借外债；房地产中介、房地产经纪、房地产咨询、物业管理和仓储企业不属于房地产开发经营企业，无须进行商务备案
2008.6.18	商务部	《商务部关于做好外资投资房地产备案工作的通知》(商资函〔2008〕23号)	简化备案程序，将原须报商务部备案的材料送到省级商务主管部门进行核对，由省级商务主管部门填写《外商投资房地产业备案表》并报商务部备案，商务部按季度随机抽查
2009.4.30	国家外汇管理局	《国家外汇管理局综合司关于外商投资房地产企业外汇登记有关问题的通知》（汇综发〔2009〕42号）	可通过商务部官方网站查询检索已通过商务部备案的外商投资房地产企业名单，并以此作为办理外商投资房地产企业外汇登记和资本项目结汇业务的依据
2010.11.22	商务部	《商务部办公厅关于加强外商投资房地产业审批备案管理的通知》（商办资函〔2010〕1542号）	对境外资本在境内设立房地产企业，不得通过购买、出售境内已建/在建房地产物业进行套利；不得审批涉及房地产开发经营业务的投资性公司
2014.6.24	商务部、国家外汇管理局	《商务部、外汇局关于改进外商投资房地产备案工作的通知》（商资函〔2014〕340号）	简化备案程序，商务部备案由纸质备案改为电子数据备案和事中事后抽查
2015.8.19	住房城乡建设部、商务部、国家发展改革委员会、中国人民银行、国家工商行政管理总局、国家外汇管理局	《住房城乡建设部等部门关于调整房地产市场外资准入和管理有关政策的通知》（建设〔2015〕122号）	外商投资房地产企业注册资本与投资总额比例按一般外商投资企业执行；取消外商投资房地产企业办理境内贷款、境外贷款、外汇借款结汇必须全部缴付注册资本金的要求；取消对境外机构和个人购买自用商品房的"一年、一套"限制；外商投资房地产企业可直接到银行办理外商直接投资项下相关外汇登记
2015.11.6	商务部、国家外汇管理局	《商务部 外汇局关于进一步改进外商投资房地产备案工作的通知》（商资函〔2005〕895号）	取消商务部网站备案公示程序

第4章 重点城市住宅状况

4.1 住房供需

4.1.1 北京

2015年北京完成住宅开发投资1962.7亿元，与上年持平，增长率比上年降低11.4个百分点。实现商品住宅销售额2513亿元，同比增长19.5%，增长率比上年提高33.1个百分点。完成商品住宅销售面积（含预售在内）1127万m^2，比上年下降0.9%，增长率比上年回升15.8个百分点。商品住宅成交均价为22301元/m^2，同比增长20.5%，增速较上年相比明显加快。从居民收入和房价的关系来看，二者都呈现上涨趋势，但房价的涨幅高于人均GDP和人均可支配收入的涨幅，意味着居民住房可支付能力降低（图4-1）。

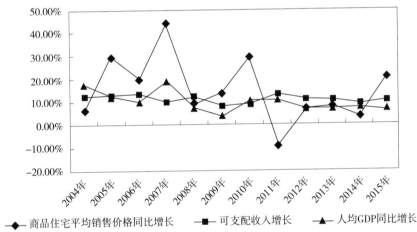

图4-1 2004~2015年北京GDP、城镇居民人均可支配收入及商品住宅均价情况
（资料来源：中国房地产信息网 www.realestate.cei.gov.cn）

住宅增量方面，从竣工面积来看，2015年北京商品住宅竣工面积为1378万m^2，比上年减少426万m^2，同比减少23.6%，增长率比上年回落30.2个百分点。从施工面积来看，2015年北京商品住宅施工面积为6261万m^2，比上年减少717万m^2，同比下降10.3%，增长率比上年降低4.4个百分点（图4-2）。从图4-2中也可以看出，近五年北京每年的商品住宅竣工面积整体呈现先升后降的趋势，2014年达到峰值后大幅下降；商品住宅施工面积则连续3年下降，与宏观经济走势一致。

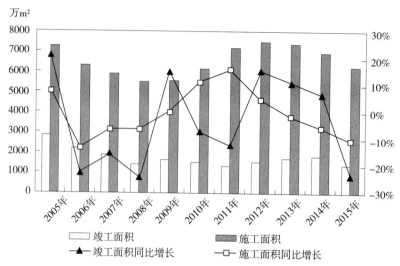

图 4-2 2005～2015 年北京商品住宅竣工面积、施工面积及增长情况
（资料来源：中国房地产信息网 www.realestate.cei.gov.cn）

4.1.2 上海

2015 年上海完成住宅开发投资 1813 亿元，比上年增长 5.1%，增长率比上年降低 1.7 个百分点。实现商品住宅销售额 4320 亿元，同比增长 47.8%，增长率比上年提高 58.2 个百分点。完成商品住宅销售面积（含预售在内）2009 万 m^2，比上年增长 12.8%，增长率比上年提高 24.5 个百分点。计算可得商品住宅成交均价为 21500 元 /m^2，同比增长 31.0%，增速较上年相比明显加快。从居民收入和房价的关系来看，二者都呈现上涨趋势，但房价的涨幅高于人均 GDP 和人均可支配收入的涨幅，意味着居民住房可支付能力降低（图 4-3）。

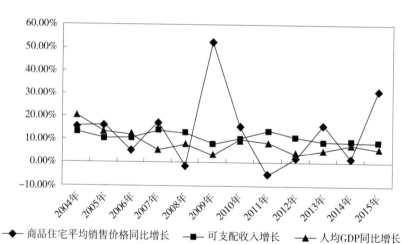

图 4-3 2004～2015 年上海 GDP、城镇居民人均可支配收入及商品住宅均价情况
（资料来源：中国房地产信息网 www.realestate.cei.gov.cn）

住宅增量方面，从竣工面积来看，2015 年上海商品住宅竣工面积为 1589 万 m^2，比上年增加 53 万 m^2，同比增长 3.5%，增长率比上年回落 4.8 个百分点。从施工面积来看，2015 年上海商品住宅施工面积为 8372 万 m^2，比上年减少 154 万 m^2，同比降低 1.8%，增长率比上年回落 6.7 个百分点（图 4-4）。从图 4-4 中也可以看出，从 2012 年以来，上海每年商品住宅竣工面积和施工面积增长波动较小，整体呈现稳定的态势。

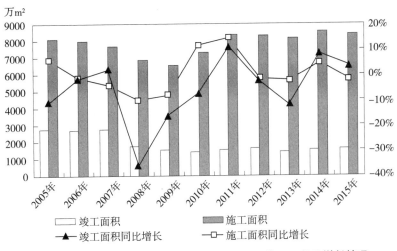

图 4-4　2015～2015 年上海商品住宅竣工面积、施工面积及增长情况
（资料来源：中国房地产信息网 www.realestate.cei.gov.cn）

4.1.3 深圳

2015 年深圳完成住宅开发投资 897.13 亿元，比上年增长 22.9%，增长率比上年降低 0.9 个百分点。实现商品住宅销售额 2517 亿元，同比增长 120.5%，增长率比上年提高 128.2 个百分点。完成商品住宅销售面积（含预售在内）748 万 m^2，比上年增长 57.5%，增长率比上年回落 67.4 个百分点。商品住宅成交均价为 33661 元 /m^2，比上年增长 40.4%，增速较上年相比明显加快。从居民收入和房价的关系来看，二者都呈现上涨趋势，但房价的涨幅高于人均 GDP 和人均可支配收入的涨幅，意味着居民住房可支付能力降低（图 4-5）。

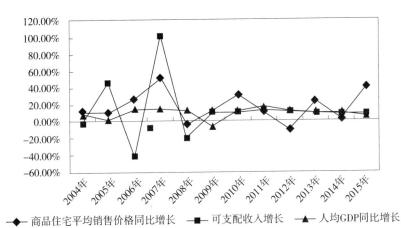

图 4-5　2004～2015 年深圳 GDP、城镇居民人均可支配收入及商品住宅均价情况
（资料来源：中国房地产信息网 www.realestate.cei.gov.cn）

住宅增量方面，从竣工面积来看，2015 年深圳商品住宅竣工面积为 202 万 m^2，比上年减少 67 万 m^2，同比降低 24.9%，增长率比上年回落 61.9 个百分点。从施工面积来看，2015 年深圳商品住宅施工面积为 3157 万 m^2，比上年增加 287 万 m^2，同比增长 10.0%，增长率与上年持平（图 4-6）。从图 4-6 中也可以看出，近五年深圳每年的商品住宅施工面积呈现稳步增长的态势，受当年的住房市场销售情况影响，竣工面积波动较大。

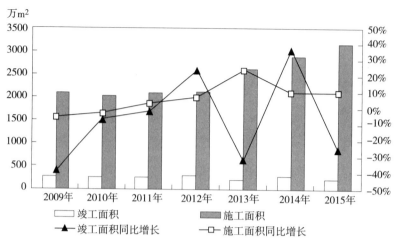

图 4-6　2009～2015 年深圳商品住宅竣工面积、施工面积及增长情况
（资料来源：中国房地产信息网 www.realestate.cei.gov.cn）

4.1.4　成都

2015 年成都完成住宅开发投资 1472.3 亿元，比上年增长 9.1%，增长率比上年增加 4.5 个百分点。实现商品住宅销售额 1611 亿元，同比下降 0.4%，增长率比上年回升 5.2 个百分点。完成商品住宅销售面积（含预售在内）2447 万 m^2，比上年下降 1.2%，增长率比上年回落 1.9 个百分点。计算可得商品住宅成交均价为 6584 元 $/m^2$，比上年增长 0.7%，在 2014 年触底的基础上开始缓慢反弹。从居民收入和房价的关系来看，2011 年后，成都市的 GDP、人均可支配收入以及房价增速开始同步放缓，房价增速回升的速度远小于人均 GDP 和人均可支配收入，意味着居民住房可支付能力增强（图 4-7）。

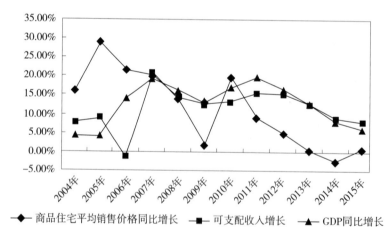

图 4-7　2004～2015 年成都 GDP、城镇居民人均可支配收入及商品住宅均价情况
（资料来源：中国房地产信息网 www.realestate.cei.gov.cn）

住宅增量方面，从竣工面积来看，2015 年成都商品住宅竣工面积为 859 万 m^2，比上年减少 526 万 m^2，同比下降 38.0%，增长率比上年回落了 40.3 个百分点。从施工面积来看，2015 年成都商品住宅施工面积为 11059 万 m^2，比上年增加 361 万 m^2，同比增长 3.4%，增长率比上年回落 2.4 个百分点（图 4-8）。从图 4-8 中也可以看出，自 2012 年起成都的商品住宅竣工面积呈现波动下降的趋势，增速波动幅度较大，而施工面积则呈现稳步增长的趋势。

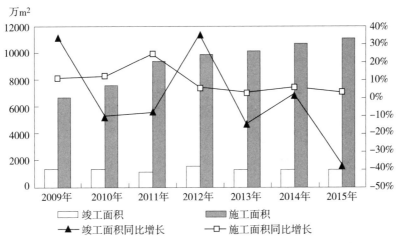

图 4-8　2009～2015 年成都商品住宅竣工面积、施工面积及增长情况
（资料来源：中国房地产信息网 www.realestate.cei.gov.cn）

4.1.5　厦门

2015 年厦门完成住宅开发投资 459 亿元，比上年增长 19.3%，增长率比上年回落 7.1 个百分点。实现商品住宅销售额 655 亿元，同比下降 27.8%，增长率比上年回落 35 个百分点。完成商品住宅销售面积（含预售在内）346 万 m^2，比上年下降 32.2%，增长率比上年回升 20 个百分点。商品住宅成交均价为 18928 元 /m^2，同比增长 6.5%，增长率比上年回落 15.7 个百分点。从居民收入和房价的关系来看，2010 年后厦门市的人均可支配收入增速逐年放缓，而房价和人均 GDP 分别经历了一轮波动之后导致居民住房可支付能力略有下降（图 4-9）。

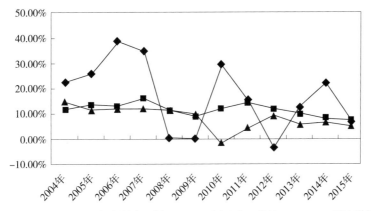

图 4-9　2004～2015 年厦门 GDP、城镇居民人均可支配收入及商品住宅均价情况
（资料来源：中国房地产信息网 www.realestate.cei.gov.cn）

住宅增量方面，从竣工面积来看，2015 年厦门商品住宅竣工面积为 274 万 m^2，比上年减少 76 万 m^2，同比下降 21.7%，增长率比上年降低 84.9 个百分点。从施工面积来看，2015 年厦门商品住宅施工面积为 2137 万 m^2，比上年减少 137 万 m^2，同比下降 6.0%，增长率比上年回落 9.3 个百分点（图 4-10）。从图 4-10 中也可以看出，2012 年至 2015 年间，厦门的商品住宅竣工面积和施工面积经历了一轮波动，在 2014 年峰值之后出现双双回落，其中每年竣工面积波动较为剧烈。

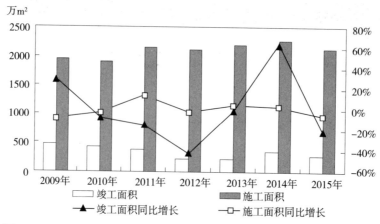

图4-10 2009～2015年厦门商品住宅竣工面积、施工面积及增长情况
（资料来源：中国房地产信息网 www.realestate.cei.gov.cn）

4.1.6 武汉

2015年武汉完成住宅开发投资1778亿元，比上年增长13.9%，增长率比上年降低10.9个百分点。实现商品住宅销售额2028亿元，同比增长38.5%，增长率比上年提升22.9个百分点。完成商品住宅销售面积（含预售在内）2414万m²，比上年增长22.0%，增长率比上年提升6.9个百分点。从居民收入和房价的关系来看，武汉市的GDP、人均可支配收入从2009年至2015年均保持较好的增长势头，而房价则波动幅度较大，2014年增速触底以后反弹迅猛，导致居民住房可支付能力变弱（图4-11）。

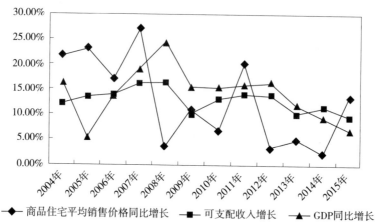

图4-11 2004～2015年武汉GDP、城镇居民人均可支配收入及商品住宅均价情况
（资料来源：中国房地产信息网 www.realestate.cei.gov.cn）

住宅增量方面，从竣工面积来看，2015年武汉商品住宅竣工面积为655万m²，比上年增加9万m²，同比增长1.4%，增长率比上年回落20.7个百分点。从施工面积来看，2015年武汉商品住宅施工面积为7974万m²，比上年增加669万m²，同比增长9.2%，增长率比上年回落8.1个百分点（图4-12）。从图4-12中也可以看出，自2009年至今，武汉每年的商品住宅施工面积保持平稳增长的态势，增速较快，而每年商品住宅竣工面积则波动较大，施工面积与竣工面积的比值逐步增加，预示着未来几年武汉商品住宅供给潜力加大。

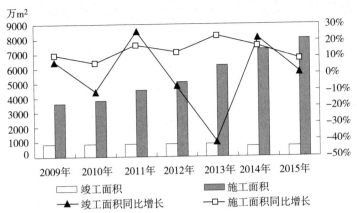

图 4-12 2009～2015 年武汉商品住宅竣工面积、施工面积及增长情况
（资料来源：中国房地产信息网 www.realestate.cei.gov.cn）

4.2 住房土地市场

4.2.1 北京

2015 年北京市土地市场公开出让经营性用地 81 宗，土地面积约 694 万 m²，其中住宅用地约 513 万 m²，占经营性用地供应总面积的比例约 74%，其中近 9 成配建了民生住房。市场供应的住宅用地总建筑规模约 875 万 m²，扣除配套设施及公建面积后纯住宅规模约 594 万 m²，其中民生住房占比为 49%。2015 年北京经营性用地实际成交楼面单价 15336 元，比 2014 年上涨了 18%。其中，住宅用地楼面单价 16670 元，同比上涨了 15%；商服用地平均成交价 12460 元，同比上涨了 15%。

在空间分布上，鉴于城区功能疏解、人口疏散的大背景，2015 年大部分供地位于城市发展新区，成交土地面积 397 万 m²，占总成交土地面积的 57%；首都功能核心区及城市功能拓展区成交土地面积 201 万 m²，占比 29%；生态涵养区成交土地面积 96 万 m²，占比 14%。

4.2.2 上海

2015 年上海市土地市场公开出让经营性用地（剔除工业用地）133 宗，较去年下降 33%。其中，商品住宅用地（含普通商品房、商住办混合）土地成交 52 宗，保障房用地（动迁安置房）成交 32 幅。出让面积方面，2015 年上海土地市场总成交面积 602 万 m²，较 2014 年下降 29%，其中，商品住宅性质用地成交 311 万 m²，保障房用地出让 163 万 m²。出让金额方面，2015 年上海土地市场总成交金额 1500 亿元，较 2014 年下降 10%，其中商品住宅性质用地成交 1023 亿元，保障房用地成交 117 亿元。

4.2.3 深圳

2015 年深圳市土地市场公开出让经营性用地（除协议出让及旧改用地）62 宗，总成交面积 134 万 m²，同比减少 30%。出让金额方面，2015 年深圳土地市场总成交金额 417 亿元，同比减少 40%，综合楼面地价 8316 元 /m²，同比减少 25%。其中住宅土地颇为火爆，尖岗山地块以 8 万 /m² 的楼面价成全国单价地王。由于土地资源日益紧缺，深圳近几年用城市更新的方式释放大量土地进入市场。2013 年、2014 年、2015 年已分别审批 2 批 29 项、4 批 52 项、4 批 75 项单元计划项目，2015 年审批的75项单元计划项目将累计释放出近700万 m² 的土地，其中涉及住宅功能的有48个，占比64%。

4.2.4 成都

2015年成都市土地市场公开出让经营性用地309宗（大成都范围内），共成交土地建筑面积2822万 m²，同比上涨6%；成交楼板价为1910元 /m²，同比增长3%。出让金额方面，2015年成都土地市场总成交金额539亿元，同比上涨9%；平均溢价率20.3%，同比回升42.7%；流拍率31.1%，同比下降15.6%。

4.2.5 厦门

2015年厦门市土地市场公开出让经营性用地41宗，出让土地面积共184.64万 m²，同比增长75%；出让建筑面积合计602万 m²，同比大幅上涨171%。出让金额方面，2015年厦门土地市场总成交金额300亿元，同比增长174%。其中，居住用地179亿元，同比上涨13%。

4.2.6 武汉

2015年武汉土地市场成功出让355宗地块，用地规划建筑面积4032万 m²，较去年缩水29.6%，随着武汉大规模城中村旧城改造的结束，土地供应开始减速。出让金额方面，2015年武汉土地市场总成交金额645亿元，同比下降4.9%，楼面单价上涨35.5%，其中住宅用地楼面单价达到3630元 /m²，同比上涨60%。

4.3 住房交易

4.3.1 北京

2015年12月北京商品住宅可售套数为79524套，同比下降10.5%，当前库存的去化周期为9个月，较上年略有下降。全年商品住宅销售111957套，比上年增加12558套，同比增长12.6%，与2012年和2013年的数量基本持平（图4-13）。2015年批准预售套数为81618套，全年累计销供比为

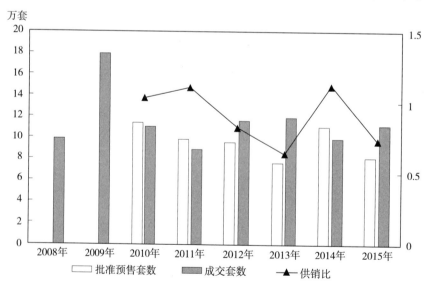

图 4-13 2008~2015年北京商品住房供销情况
（资料来源：中国房地产信息网 www.realestate.cei.gov.cn）

0.7∶1，商品住房市场供求矛盾较上年有所加剧。

2015年1~12月中，北京住房成交面积最低为2月的44.2万m²，较去年最低值增长75.4%；住房成交面积最高为12月的150.9万m²，较去年最高值下降18.1%。成交面积超过100万m²的月份有4个，依次为12月、7月、6月和8月，集中于年末和暑期时段。受春节影响，北京住房批准预售套数、成交套数、可售套数最低的月份均为2月，6~8月是批准上市的高峰，年底12月出现了成交量的峰值（图4-14）。

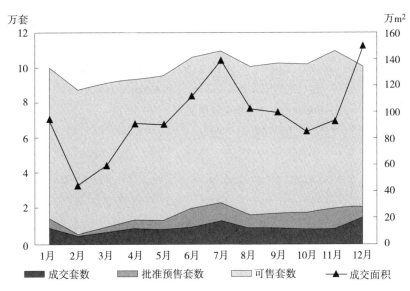

图4-14　2015年1~12月北京商品住房供销情况
（资料来源：中国房地产信息网 www.realestate.cei.gov.cn）

从二手住房交易来看，2015年全年北京二手住房成交套数为195902套，比上年增加92575套，同比上涨89.6%，是2011年以来的最高值。全年二手住房成交面积为1779.1万m²，同比上涨92.6%，也达到2011年以来的最高值（图4-15）。二手房交易套均面积为90.8m²，与上年基本持平，反映出交易中小户型在二手房市场中仍然活跃。

从2015年的月度数据来看，二手房交易的高峰期在年末和暑期。成交套数最多的月份是12月的23096套，比去年最大值增加8425套；成交套数最少的月份是2月的8672套，比去年最小值增加3231套。从同比增速来看，全年各月成交面积均超去年同期，同比增长最快的是6月，增幅高达189.7%。交易量同比增长超过100%的月份有5个，集中在第二、三季度的4月至8月（图4-16）。

2015年北京的全年平均二手房租赁价格指数①为2104，较2014年下降3.9%，是2006年以来首次下降。租赁市场遇冷与住房交易市场火热格局形成反差（图4-17）。

---

① 二手房租赁价格指数采用拉氏公式得出。公式如下，其中 I'_t 和 I'_{t-1} 分别是 t 和 $t-1$ 期的价格指数，P 为项目所有样本在当月搜房网的平均挂牌价格，A 为该项目所有样本的总建筑面积。

$$I'_t = \frac{\sum P_i^t A_i^{t-1}}{\sum P_i^{t-1} A_i^{t-1}} \cdot I'_{t-1}$$

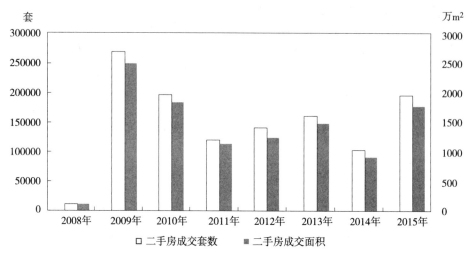

图4-15 2008~2015年北京二手住房交易情况
(资料来源:中国房地产信息网 www.realestate.cei.gov.cn)

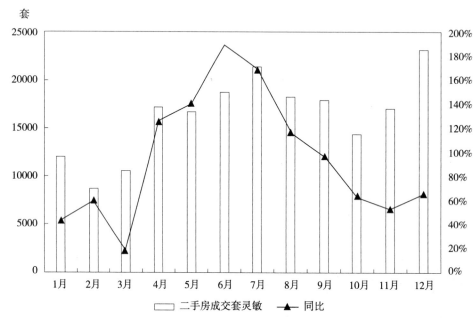

图4-16 2015年1~12月北京二手住房交易情况
(资料来源:中国房地产信息网 www.realestate.cei.gov.cn)

4.3.2 上海

2015年全年上海商品住宅可售套数为71821套,比上年下降21.6%,当前库存的去化周期为4个月,较上年大幅下降。全年商品住宅销售216922套,比上年增加57245套,同比增长35.9%,达到2010年以来的最高值(图4-18)。

2015年1~12月中,上海住房成交面积最低为2月的73.7万m^2,与上年最低值持平;住房成交面积最高为12月的241.0万m^2,较上年最高值增长17.0%。成交面积超过200万m^2的月份有6个,市场持续走热。受春节影响,住房成交套数和可售套数最低的月份均为2月,全年各月成交套数总体保持平稳振幅不大,可售套数小幅波动,(图4-19)。

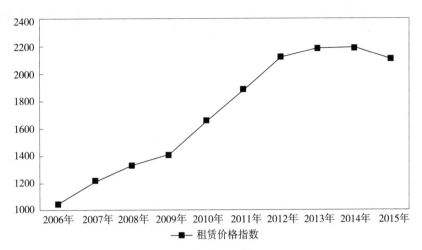

图 4-17 2009～2015 年北京二手住房租赁情况
（资料来源：中国指数研究院数据信息中心、中国房地产指数系统）

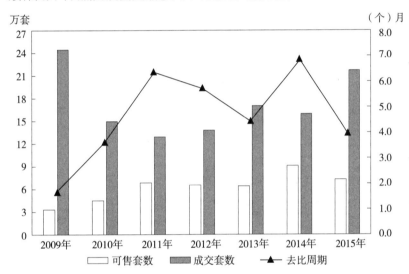

图 4-18 2009～2015 年上海商品住房供销情况
（资料来源：中国房地产信息网 www.realestate.cei.gov.cn）

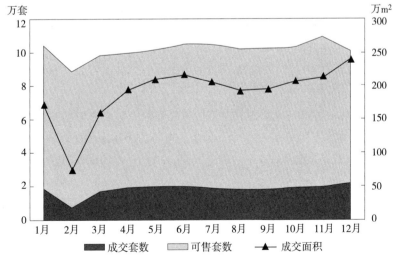

图 4-19 2015 年 1～12 月上海商品住房供销情况
（资料来源：中国房地产信息网 www.realestate.cei.gov.cn）

2015年上海的全年平均二手房租赁价格指数[①]为1848，较2014年上涨3.7%，增长率与上年基本持平，延续了自2009年以来的上涨势头。租赁市场与住房交易市场走势一致，但增长速度远不及住房交易市场的年度增幅（图4-20）。

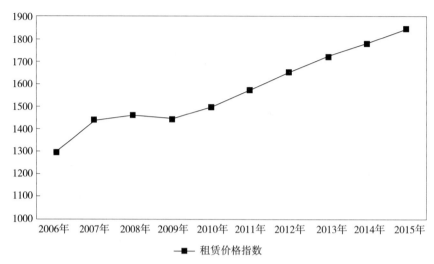

图4-20 2006～2015年上海二手住房租赁情况
（资料来源：中国指数研究院数据信息中心、中国房地产指数系统）

4.3.3 深圳

2015年全年深圳商品住宅可售套数为37566套，比上年下降20.1%，当前库存的去化周期为6个月，较上年大幅下降。全年商品住宅销售66450套，比上年增加24566套，同比增长58.7%，达到2010年以来的最高值（图4-21）。2015年批准预售套数为69998套，全年累计销供比为1.1∶1，商品住房市场供求矛盾较上年有所缓和。

2015年1～12月中，深圳住房成交面积最低为2月的19.7万m^2，较上年最低值增加15.9%；住房成交面积最高为6月的76.9万m^2，与去年最高值持平。成交面积超过70万m^2的月份有3个，除6月外集中在年初和年底时间段。受春节影响，住房批准预售套数、成交套数、可售套数最低的月份均为2月，三者在12月均达到年内峰值（图4-22）。2015年全年深圳商品住宅成交均价为32899元/m^2，同比增长40.3%，其中均价最高的月份为11月的44761元/m^2，较去年最高值增长68.7%；均价最低的月份为4月的26370元/m^2，较去年最低值增长21.2%。2015年全年成交商品住宅的套均价格为330万元，其中套均价格最高的月份为11月的461万元，套均价格最低的月份为3月的255万元（图4-23）。

从二手住房交易来看，2015年全年深圳二手住房成交套数为127245套，比上年增加69994套，同比增长122.3%，增长率比上年增加88.2个百分点。全年二手住房成交面积为1063.8万m^2，同比增长118.3%，增长率比上年增加151.6个百分点（图4-24）。套均面积从上一年的85.1m^2下降为

---

① 二手房租赁价格指数采用拉氏公式得出。公式如下，其中I'_t和I'_{t-1}分别是t和$t-1$期的价格指数，P为项目所有样本在当月搜房网的平均挂牌价格，A为该项目所有样本的总建筑面积。

$$I'_t = \frac{\sum P_i^t A_i^{t-1}}{\sum P_i^{t-1} A_i^{t-1}} \cdot I'_{t-1}$$

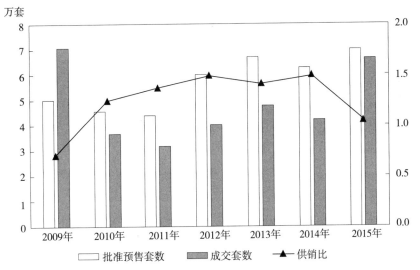

图 4-21 2009~2015 年深圳商品住房供销情况
(资料来源：中国房地产信息网 www.realestate.cei.gov.cn)

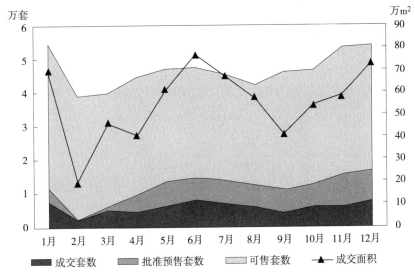

图 4-22 2015 年 1~12 月深圳商品住房供销情况
(资料来源：中国房地产信息网 www.realestate.cei.gov.cn)

83.6m²。

从 2015 年的月度数据来看，二手房交易的高峰期在年中。成交套数最多是 7 月的 16068 套，较去年最高值增加 7398 套；成交套数最少是 2 月的 5118 套，较去年最低值增加 2201 套。全年各月成交量均超过去年同期，同比增幅最高达 295.6%，同比增幅超过 100% 的月份有 6 个，集中在第二、三季度（图 4-25）。

2015 年深圳的全年平均二手房租赁价格指数[①]为 2476，较 2014 年上涨 4.8%，增长率与上年基

---

① 二手房租赁价格指数采用拉氏公式得出。公式如下，其中 I'_t 和 I'_{t-1} 分别是 t 和 $t-1$ 期的价格指数，P 为项目所有样本在当月搜房网的平均挂牌价格，A 为该项目所有样本的总建筑面积。

$$I'_t = \frac{\sum P_i^t A_i^{t-1}}{\sum P_i^{t-1} A_i^{t-1}} \cdot I'_{t-1}$$

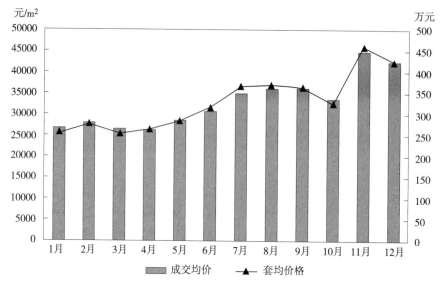

图 4-23　2015 年 1 ~ 12 月商品住房价格走势
（资料来源：中国房地产信息网 www.realestate.cei.gov.cn）

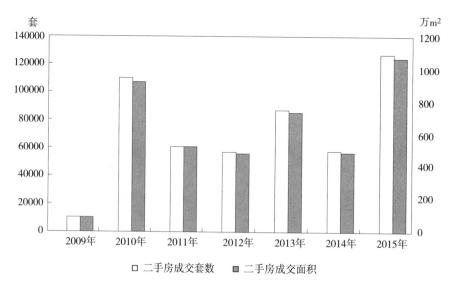

图 4-24　2009 ~ 2015 年深圳二手住房交易情况
（资料来源：中国房地产信息网 www.realestate.cei.gov.cn）

本持平，保持了自 2006 年以来的上涨趋势。租赁市场和住房交易市场保持了一致的上涨走势，但增速远不及交易市场（图 4-26）。

4.3.4　成都

2015 年全年成都住房成交套数为 91576 套，比上年减少 4357 套，同比下降 4.5%，延续了 2014 年的下降趋势，下降速度比上年降低 10.9 个百分点。全年商品住宅成交面积为 877.8 万 m^2，比上年减少 58.5 万 m^2，同比下降 6.2%，下降速度比上年降低 8.5 个百分点（图 4-27）。

2015 年 1 ~ 12 月中，成都住房成交面积最低的月份为 2 月的 41.1 万 m^2，较去年最低值下降 8.7%；住房成交面积最高的月份为 6 月的 89.3 万 m^2，较去年最高值下降 31.8%。受春节影响，住房成交套

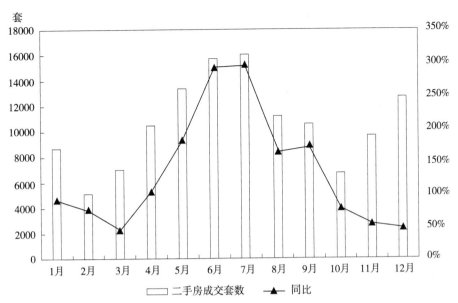

图4-25 2015年1～12月深圳二手住房交易情况
(资料来源：中国房地产信息网 www.realestate.cei.gov.cn)

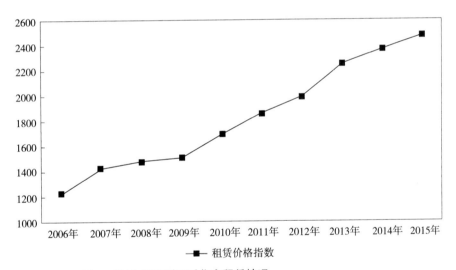

图4-26 2006～2015年深圳二手住房租赁情况
(资料来源：中国指数研究院数据信息中心、中国房地产指数系统)

数最低为2月的4278套，较去年最低值减少1325套，成交套数最高为6月的9078套，较去年最高值减少5364套（图4-28）。

从二手住房交易来看，2015年全年成都二手住房成交套数为72971套，比上年增加22425套，同比上涨44.4%，是2010年以来的最高值。全年二手住房成交面积为678.0万m^2，同比上涨49.8%，达到2010年以来的最高值（图4-29）。二手房交易套均面积为92.9m^2，较上年略有增长，增幅为3.7%，保持了连年增长的趋势。

从2015年的月度数据来看，二手房交易的高峰期在年末。成交套数最多的是12月的8001套，比去年最大值增加2810套；成交套数最少的是2月的3167套，比去年最小值增加479套。从同比增速来看，全年各月成交面积均超去年同期，同比增长最快的是6月，增幅高达84.8%。交易量同

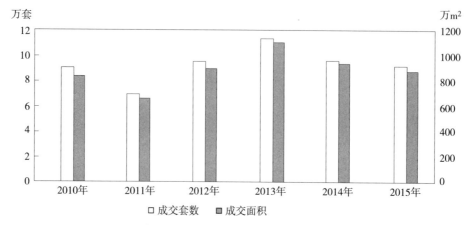

图 4-27 2010～2015 年成都商品住房成交情况
（资料来源：中国房地产信息网 www.realestate.cei.gov.cn）

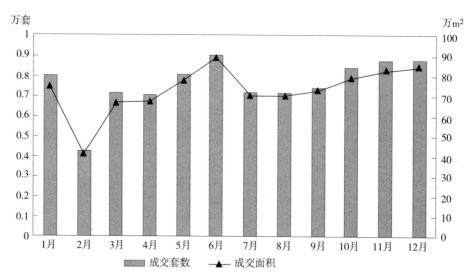

图 4-28 2015 年 1～12 月成都商品住房供销情况
（资料来源：中国房地产信息网 www.realestate.cei.gov.cn）

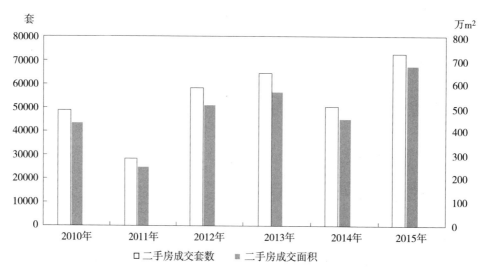

图 4-29 2010～2015 年成都二手住房交易情况
（资料来源：中国房地产信息网 www.realestate.cei.gov.cn）

比增长超过 50% 的月份有 5 个，集中在下半年（图 4-30）。

2015 年成都全年平均二手房住房租赁指数为 1449，较 2014 年下降 1.1%，是自 2008 年以来首次下降。租赁市场与交易市场保持了一致的趋势，均有所下降（图 4-31）。

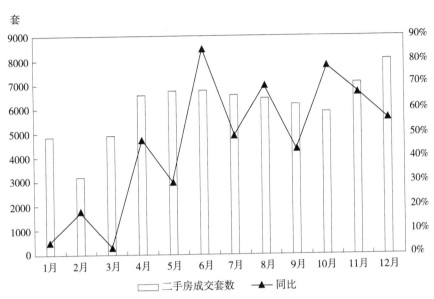

图 4-30　2015 年 1～12 月成都二手住房交易情况
（资料来源：中国房地产信息网 www.realestate.cei.gov.cn）

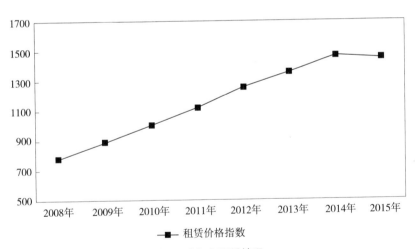

图 4-31　2008～2015 年成都二手住房租赁情况
（资料来源：中国指数研究院数据信息中心、中国房地产指数系统）

4.3.5　厦门

2015 年全年厦门商品住宅可售套数为 22989 套，同比上涨 1.6%，增长率比上年降低 14 个百分点。当前库存的去化周期为 9 个月，较上年略有下降。全年商品住宅销售 30147 套，比上年增加 3992 套，同比上涨 15.3%，增长率比上年增加 48.6 个百分点，在去年商品住宅销售总量大幅下降之后重新反弹（图 4-32）。

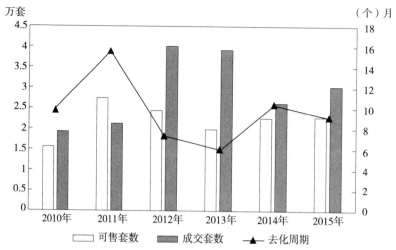

图 4-32 2010~2015 年厦门商品住房供销情况
（资料来源：中国房地产信息网 www.realestate.cei.gov.cn）

2015 年 1~12 月中，厦门住房成交面积最低为 2 月的 9.1 万 m^2，较去年最低值下降 45.8%；住房成交面积最高为 12 月的 56.7 万 m^2，较去年最高值下降 8.1%。受春节影响，年初住房交易不活跃，成交套数最低为 2 月的 770 套，较去年最低值减少了 605 套；成交套数最高为 12 月的 4605 套，较去年最高值减少了 650 套。可售套数在 12 月达到年内峰值 22989 套（图 4-33）。

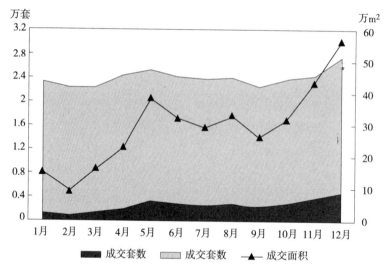

图 4-33 2015 年 1~12 月厦门商品住房供销情况
（资料来源：中国房地产信息网 www.realestate.cei.gov.cn）

从二手住房交易来看，2015 年全年厦门二手住房成交套数为 37864 套，同比增长 111.6%，增长率比上年增加 141.3 个百分点，是 2010 年以来的最高值。全年二手住房成交面积为 375.1 万 m^2，同比增长 110.7%，增长率比上年增加 140.1 个百分点（图 4-34）。套均面积为 99.1m^2，与上年基本持平。

从 2015 年的月度数据来看，二手房交易的高峰期在年中。成交套数最多是 6 月的 4441 套，比去年最高值增加 2175 套；成交套数最少是 2 月的 1259 套，比去年最低值增加 268 套。全年各月

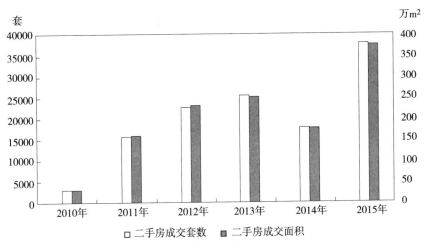

图 4-34 2010～2015 年厦门二手住房交易情况
（资料来源：中国房地产信息网 www.realestate.cei.gov.cn）

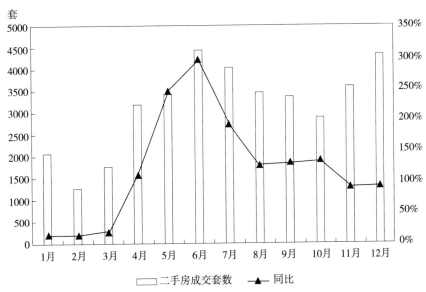

图 4-35 2015 年 1～12 月厦门二手住房交易情况
（资料来源：中国房地产信息网 www.realestate.cei.gov.cn）

成交量均超去年同期，同样增长最高的月份为 6 月，增幅达到 295.8%。二手房交易同比增长超过 100% 的月份有 7 个，集中在第二、三季度（图 4-35）。

4.3.6 武汉

2015 年全年武汉住房成交套数为 224976 套，比上年增加 45175 套，同比上涨 25.1%，增长率比上年增加 12.4 个百分点。全年商品住宅成交面积为 2283.8 万 m^2，比上年增加 487.0 万 m^2，同比增长 27.1 个百分点，增长率比上年增加 13.8 个百分点。2015 年商品住宅成交均价为 8593 元 /m^2，每平方米比上年增加 1163 元，同比上涨 15.7 个百分点，增长率比上年增加 7.2 个百分点，仍然维持高速增长的势头（图 4-36）。

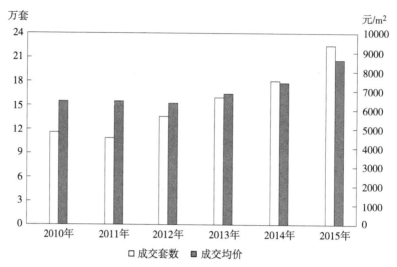

图 4-36　2010～2015 年武汉商品住房成交情况
（资料来源：中国房地产信息网 www.realestate.cei.gov.cn）

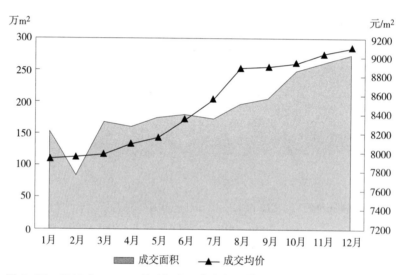

图 4-37　2015 年 1～12 月武汉商品住房交易情况
（资料来源：中国房地产信息网 www.realestate.cei.gov.cn）

2015 年 1～12 月中，武汉住房成交面积最低为 2 月的 83.6 万 m^2，较去年最低值下降 9.0%；住房成交面积最高为 12 月的 274.3 万 m^2，较去年最高值增加 31.1%。住房成交均价一路攀升，从年初的 7932 元 /m^2 上涨到年末的 9100 元 /m^2，全年涨幅达到 14.7%（图 4-37）。

从二手住房交易来看，2015 年全年武汉二手住房成交套数为 69071 套，同比增长 51.0%，是 2010 年以来的最高值。全年二手住房成交面积为 693.9 万 m^2，同比增长 63.3%，达到 2010 年以来的最高值（图 4-38）。套均面积从上一年的 92.9m^2 增加到 100.4m^2，增幅达到 8.1%，表明二手房市场大户型交易量有所增加。

从二手住房价格来看，2015 年武汉二手住房平均成交单价为 6031 元 /m^2，比去年上涨 10.5%，延续了自 2010 年以来的上涨趋势。2015 年套均价格为 60.6 万，比上年平均每套增加 9.9 万，同比

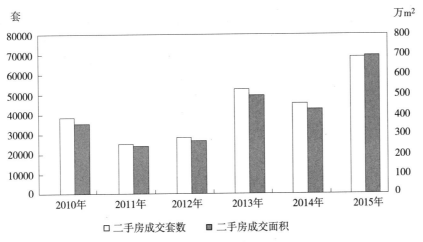

图 4-38 2010～2015 年武汉二手住房交易情况
（资料来源：中国房地产信息网 www.realestate.cei.gov.cn）

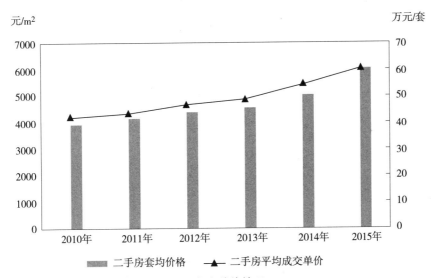

图 4-39 2010～2015 年武汉二手住房价格情况
（资料来源：中国房地产信息网 www.realestate.cei.gov.cn）

上涨 19.5 个百分点，增长率比上年提高 8.7 个百分点（图 4-39）。

从 2015 年的月度数据来看，二手房成交套数最多的月份是 6 月的 7017 套，比去年最高值增加了 2074 套；成交套数最少是 2 月的 2762 套，比去年最低值增加了 776 套。全年 12 个月中有 10 个月二手房交易量较去年同期有所增长，其中同比增幅最高在 6 月达到 126.1%，同比增幅超过 50% 的月份有 6 个（图 4-40）。

从成交价格的月度数据来看，2015 年全年二手住房成交均价最高是 9 月的 6251 元 /m²，同比增幅达到 17.2%；成交均价最低是 3 月的 5350 套，同比增幅 1.2%。总体来看交易在第一季度之后开始活跃（图 4-41）。

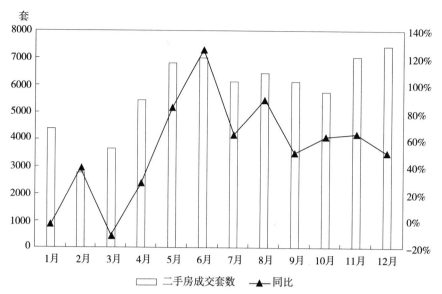

图 4-40 2015 年 1~12 月武汉二手住房交易情况
（资料来源：中国房地产信息网 www.realestate.cei.gov.cn）

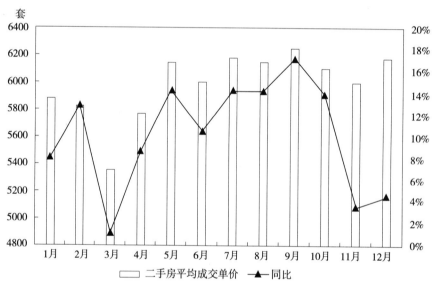

图 4-41 2015 年 1~12 月武汉二手住房价格情况
（资料来源：中国房地产信息网 www.realestate.cei.gov.cn）

（致谢：衷心感谢清华大学建筑学院硕士生詹旭强、唐波晗参与图片的绘制。）

第5章　我国现代小街区形态的探索

中国街区形态的演变经历了漫长的历史过程。北宋时期街区形态逐渐从封闭式里坊制向开放式街巷制转变。到清朝末年，里坊制度仍然存在，北京的大栅栏地区仍然存在里坊，但已无坊门。北京的胡同为街坊制，胡同之间的间距为几十米，是巷进院、户对院，私家院落对巷的模式。中国近现代住宅起源于1840年鸦片战争以后，近代时期更多受到西方传统规划理念以及当时土地私有制度的影响，街区形态呈现小街区、密路网、窄断面的特征。新中国成立后，几个方面的因素造成我国街区形态呈现大街区模式：①现代主义、苏联思潮的影响；②计划经济，单位、大院体制的影响；③邻里单位理论的影响[1]。

如何使城市居民获得归属感、促进新社区组织的形成，成为社会空间修补的关键。为实现这一目标，必须创造更多交流空间，营造良好的社区氛围，构建社会和谐、功能完善、交通便捷、生态宜居、活力繁荣的城市社会空间[2]。本章分析近年来中国及国外小街区住宅的理论及典型案例，最后归纳小街区案例的特点。

5.1　我国目前居住小区存在的问题

当前全中国的居住街区大多数仍然沿袭新中国成立初期的"居住小区"模式。现行"居住小区"模式代表的不仅仅是一种过时的居住形式，它还代表了一种遭淘汰的城市形式，即所谓的花园城市，也就是现代主义的功能城市[3]。"居住小区"代表了一种浪费资源的不可持续的城市模式，从城市宏观层面到微观层面，主要表现有以下六方面特征：

（1）城市里职住分离严重；
（2）对机动车交通有较强程度依赖；
（3）稀疏的大马路模式；
（4）大街坊用地，城市功能分区；
（5）呆板、单调的城市景观；
（6）封闭的街区形态。

5.2　我国现代小街区的理论及实践案例

我国当前居住小区模式存在诸多问题，应推行功能混合的"绿色"小街区发展模式，本节探讨

---

[1] 杨保军.《对开放街区的讨论》主题报告[Z]. 沈阳：中国城市规划年会，2016.
[2] 中国城市规划设计研究院. 城市发展规律——知与行[M]. 北京：中国建筑工业出版社，2016.
[3] 杨德昭. 社区的革命——世界新社区精品集萃[M]. 天津：天津大学出版社，2007：2.

中国现代小街区的理论及实践案例。首先探讨旧城改造中的小街区。其次探讨香港瑞安集团对现代小街区的探索模式，具体案例有上海创智坊。上海的安亭新镇特色风貌区、北京的建外 SOHO、唐山凤凰新城等案例也都有对小街区模式的探索。

5.2.1 北京旧城改造中的小街区

在旧城改造的背景下，由于既有道路的影响，新建小区沿用了老社区和城市相连接的道路及尺度，被动地采取了小街区的模式（不同于为主动解决居住问题，形成功能混合、小地块、自然发生的小街区）。如北京的小后仓胡同改造采取小开放街区的模式；北京的海运仓胡同改造则采取大开放街区的模式，在形式上保留了传统居住的围合特征，且新建住宅完全采取街坊模式。

1. 北京小后仓胡同改造

小后仓胡同概况：小后仓胡同改造时间是 20 世纪 80 年代，位于西直门内，在 1.5 万 m^2 用地上共有住户 298 户，1100 人，人口密度达 734 人 / 万 m^2。原有住宅都是简易危旧平房，居住条件十分恶劣。在小后仓胡同的规划设计中，北京市规划局给予了一个"特许"，即改为平均四层，尽量低于六层。改造后实际平均高度尚不足四层，住房有高有低、整体空间丰富，且无十分明确的狭窄过高的天际线[①]。

小后仓胡同的小街区特征（图 5-1 ~ 图 5-3）：

图 5-1 小后仓胡同平面示意图
（来源：根据百度地图自绘）

（1）由于小后仓胡同位于城市中，居民的工作单位大多在附近区域，没有形成职住分离的现象；

（2）由于是城市中的一部分，对机动车交通没有较强程度依赖；

（3）由于地块延续了原有胡同道路，形成窄马路。在规划中原有区内道路的走向尽量不做大的变动，宽度为 3.5m 及 6.0m 两种；

（4）小街坊用地，城市功能混合；

（5）小后仓胡同留下许多大树，又新铺植了绿地，绿化面积约占总用地面积的 14%[②]。同时为创造良好的居住环境，为居民提供了一定的公共及私有活动空间。改造后建筑形式多样，但统一保持

---

① 黄汇，史健. 小后仓胡同危房改建——一次旧城改建的探索 [J]. 城市规划，1990（12）：3-6.
② 黄汇. 北京小后仓危房改建工程中的点滴感受 [J]. 建筑学报，1991（7）：2-9.

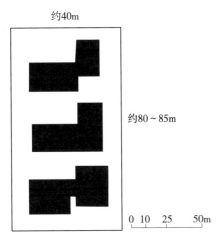

图 5-2 小后仓胡同典型街坊尺度示意图
（来源：自绘）

图 5-3 小后仓胡同街区入口
（来源：自摄）

北京民居的风格和特色：采用北京民宅惯用的坡屋顶曲率，采用具有北京特色的灰墙、红墙、红栏杆。整个地段共设置了 21 个"院子"，每个院子为 10 户居民服务；

（6）街区内道路和街区外道路连通，形成开放的街区形态。

2. 北京海运仓胡同改造

海运仓胡同概况：海运仓地区危改工程是北京市"十五"期间二环路以内危房改造首批工程。海运仓小区是一个典型的北京大街区，长方形用地被规划路分为 A、B、C、D 四个片区，如图 5-4 为 D 区改造设计。由于海运仓地区位于古都风貌保护区范围内，设计思想努力体现海运仓地区的传统历史文化，保留"胡同风情"和"四合院风貌"，使本地区不因危改而失去文化价值①。

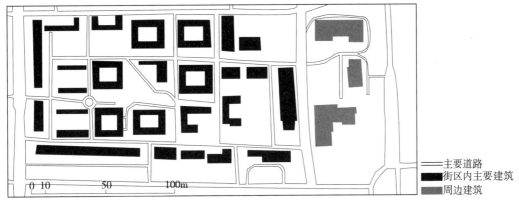

图 5-4 海运仓胡同 D 区平面示意图
（来源：自绘）

海运仓胡同的小街区特征（图 5-5、图 5-6）：

（1）由于海运仓胡同位于城市中，居民的工作单位大多在附近区域，没有形成职住分离的现象；

（2）延续城市生活的一部分，对机动车交通没有较强程度依赖；

（3）在各组团之间保留原有的路网骨架，并沿用原有的胡同名称，路网之间互通互连，形成小

---

① 孟庆华. 结合海运仓危改小区 D 区设计谈北京旧城区危房改造 [J]. 工程建设与设计，2004（7）：63-64.

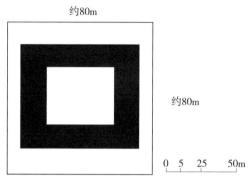

图 5-5　海运仓胡同典型街坊尺度示意图
（来源：自绘）

图 5-6　海运仓围合形态街区
（来源：自摄）

区完整的道路系统。在小区干道两侧，组团院落之间设置了机动车停车位，在方便居民使用的同时，保证了庭院空间的安全与安静；

（4）虽然对原有城市肌理有所破坏，但从住宅角度形成以四合院为主的院落基本形式，形成富有韵律的组团布局。将 11 个院落布置在小区中部，3 个板式商住楼在西及南两侧沿街布置，2 个塔楼由 4 层的商业用房相连并沿东侧街道布置。组团沿街布置的板式商住楼，底层设置小区配套商业，不仅满足了小区居民的日常生活，也避免了闲杂人员进入小区内部，便于管理，同时提高了沿街建筑的商业价值。在小区中心地带设有社区中心。内设医疗保健机构、棋牌活动室、图书馆、小区历史档案馆等设施。在小区偏东侧布置小学，方便小区内居民学龄儿童入学[①]；

（5）利用保留树木较多的区域设置中心绿地，与周围庭院绿地相互贯通，形成层次丰富的绿化空间；

（6）开放的街区形态。

5.2.2 居住街区（BLOCK）模式：上海创智天地

香港瑞安集团的项目主要采取街区BLOCK模式，住区与其他城市产业类型相结合，包括教育、旅游、文化、办公、高科技、商业、IT产业等功能进行混合。典型的瑞安"居住街区模式"住区有上海创智天地、重庆天地、武汉天地、大连天地、岭南天地等项目。瑞安"居住街区模式"的住区吸收了欧美较为流行的BLOCK住区模式特点，不仅包括开放式路网，还包括混合功能的社区，与城市相连的开放式网状路网、多样化的建筑体量组合，建筑组合高低错落等特点。比较早开始进行城市居住街区探索的城市主要集中在经济较为发达的北京、上海、广州、深圳等地。

创智天地概况：由香港瑞安集团开发的"创智天地"项目的目的是为居住、工作、生活在这里的年轻创业者们提供一个开放的、高品质的新型居住创业生活社区，以吸引更多的优秀人才，是上海"十五"时期规划项目。创智天地占地84万m^2，总建筑面积超过100万m^2，有四个功能区。上海创智天地位于上海杨浦区五角场城市副中心以北的核心地带，周边有复旦大学、同济大学、财经大学等高等院校。除了连接市中心的上海中环路交通网以外，还有30多条公共交通线路，多条地铁线，交通便利，地理位置优越。创智天地的规划项目功能布局分为四个部分：创智天地广场、创智坊、江湾体育中心、创智天地科技园。街区采取小街块、密路网的规划设计，将政府出让的大块土地划分成1hm^2左右的"小地块"进行开发（图5-7）。规划空间布局采取"小尺度、院落式"[①]的设计手法，形成具有连续感的街道界面，且小街块、密路网还能为人们提供更多的出行路线选择，有利于实施分期开发及保证居住街区邻里友好氛围的营造。

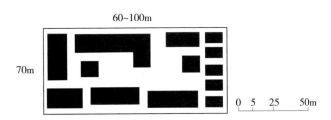

图5-7 创智天地典型街坊尺度
（来源：根据《SOM上海杨浦大学城中央社区规划资料》改绘）

创智坊概况：创智坊是创智天地的一个商业住宅区。创智坊并没有自成一体的内部路网，内部交通是城市交通的一部分，穿越社区的道路——大学路（图5-8、图5-9），已成为沪上知名的、小资们必逛的街道，同时其承担解决了周边一部分车行压力。位于创智坊的每幢建筑都有面积很大的地下车库，机动车和非机动车都直接进入地下车库，因此建筑群内的围合空间是纯粹的步行及景观系统。街道边专门设有停车位，便于城市中车辆的临时停靠。此外，较大的商务楼的入口广场设置有地面停车场。创智坊沿街底层全是商铺，上层是高层住宅，围合出一个又一个的院落，庭院空间既有内向型，也有外向型。纯粹内向的庭院花园通过步行台阶和栏杆与城市道路的空间分隔开来，与外界仅通过有电子锁的铁门相连，主要服务于住户，安全感比较强。外向型的庭院包括临街店铺的门口和街角小广场，临街店铺涉及门类也很多，可以满足日常生活需求，街道上还有成片的带阳伞的户外咖啡桌。

创智坊的小街区特征[②]：

[①] 乔东华，陈建邦. 营造创智天地 [J]. 时代建筑，2009（02）.
[②] 上海杨浦大学城中央社区规划资料 [Z]. 2003.

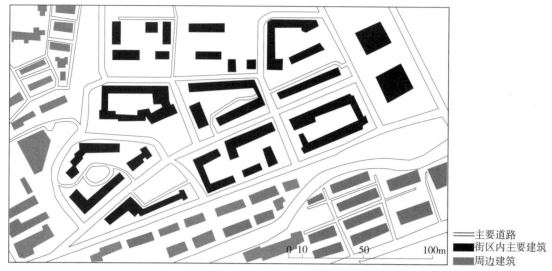

图 5-8 创智坊平面图示意图（大学路两侧）
（来源：根据百度地图自绘）

图 5-9 大学路入口
（来源：自摄）

（1）创智坊街区在大学路两侧布置，是创智天地城市的一部分。创智坊将城市街道网络延伸到住区的内部并对外开放，与城市连接为一体。

（2）大学路是一条步行路，整个区域以步行交通为主。开放式网络状的住区道路，营造出舒适的街道空间。居住街区更加注重街道空间的舒适性，强调街道空间通过建筑界定，街区外围的建筑应顺应道路的走向，街道界面连续，同时满足步行和车行的要求。

（3）大学路连接复旦校园和大学城中心，两侧建筑为 3～6 层，道路红线 20m，7m 双向机动车道，两边各 2.5m 自行车道和 4.0m 的绿带及人行道空间，建筑前有 3m 退红线空间，供露天咖啡座等商业活动使用。

（4）小街坊用地。居住街区强调多功能混合，在每个单元居住街区内将住宅、商业、办公等功能混合在一起，创造多样化的居住空间。多样化的居住空间带来多样化的建筑、住宅、开放空间、城市景观及社区居民。

（5）一系列连续多样化的开放空间。居住街区型的开放空间设计与城市相联系，是由一系列多样化的城市开放空间——不同规模、不同功能、不同形式的开放空间组成，为居民提供一系列满足多样化社会活动的需要。

（6）大开放小封闭的街区形态：整个街区是城市中的一个整体，街区中的小组团具有门禁的围合封闭特征。

5.2.3 上海安亭新镇特色风貌区

21世纪初，上海市启动郊区十个城镇规划建设："一城九镇"，初步形成具备不同特点的郊区新建城镇面貌。"一城九镇"的特色风貌，既综合考虑了城镇功能定位、城郊特点、产业特色、地貌特征、历史文化积淀等因素，又借鉴国外特色风貌城镇建设的经验，注重保护和弘扬传统历史文化，因地制宜。本文重点讨论德国风貌特色的安亭新镇[①]。

安亭新镇概况：安亭镇位于上海西侧的嘉定区，距离上海市中心约40km，距离嘉定区政府所在地嘉定镇约13km。安亭是上海的古镇之一，安亭的汽车产业具有悠久的历史。安亭镇是"一城九镇"计划的试点城镇之一，德国AS&P（Alert Speer & Partner GmbH）公司的设计方案入选。"一城九镇"计划将安亭新镇拟定为"德国风貌"，新镇的规划设计方案具有浓厚的德国色彩[①]。安亭新镇和一般自发形成的小街区的不同在于，它是城市中的一块飞地。由于和主城区汽车城相隔一段距离，安亭新镇对机动车也有一定程度的依赖，但也有从主城区直达新镇的公交线路。

安亭新镇的小街区特征：

（1）安亭新镇的主要道路建立了一个整体的圈层发展轮廓。环城道路形态呈现闭合的不规则圆弧形，内部主要干道呈现"井字"道路，主要形式是较为舒缓的弧形。不规则圆形道路建立了圈层形态的整体发展基础，"井字"道路限定了圈层中央的中心区，道路与广场联系紧密，这种形态与中世纪城市颇为相似，窄马路、密路网[①]。

（2）小街区用地，采取周边式建筑布局。混合的功能布局形成公、私领域的平衡。在街区内部采取大量周边式建筑布局方式（图5-10、图5-11），中心区周边大量混合区域住宅和公共空间相互渗透，形成西方中世纪城市常见的上住下商的平衡状态[①]（图5-12）。

（3）丰富的街区景观。安亭新镇中央广场的改造，引入了四条红色轴线，将原来尺度过大和空旷的广场进行不同主题和风格的设计。同时四条红色轴线的主题与新镇现状相呼应，分别为林荫道、果园、临水路、游乐园。四条轴线交错汇聚并形成中央广场，中央广场上雨篷设计作为整个广场的标志性构筑物，服务于公共活动。广场上的四条红色轴线将四个主题设计延续至整个安亭新镇的步行系统，为新镇注入新的活力。西面轴线的林荫道通过延续广场西面原有商业步行街，加强广场改造和新镇入口文化中心的联系。设计改造了商铺立面、公共连廊、室外餐饮区、绿色景观等公共界面，增强了轴线的商业氛围，提高了街区活力。

（4）开放的街区形态。

---

① 王志军. 上海"一城九镇"空间结构及形态类型研究[D]. 上海：同济大学博士学位论文，2007.

图 5-10 安亭新镇平面图
（来源：根据百度地图自绘）

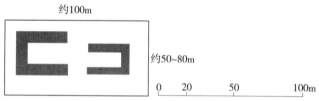

图 5-11 安亭新镇典型街坊尺度示意图
（来源：自绘）

图 5-12 安亭新镇上住下商的沿街立面
（来源：自摄）

安亭新镇的整个街区是区域中的一块相对独立的飞地，但街区内地块呈现开放的街区形态。

5.2.4 北京建外 SOHO

北京建外 SOHO 概况：开盘于 2004 年的北京建外 SOHO 位于北京 CBD 核心区，国贸桥的西南角。北临长安街，东临东三环，南临通惠河北路。地铁一号线和十号线的"国贸站"交汇于项目东部，地铁一号线"永安里站"位于项目西部，项目为包括高层公寓和小型商场的组合。北京建外 SOHO 占地面积为 16.9 万 m^2，总建筑面积是 70 万 m^2[①]。

建外 SOHO 的小街区特征[①,②]（图 5-13~图 5-15）：

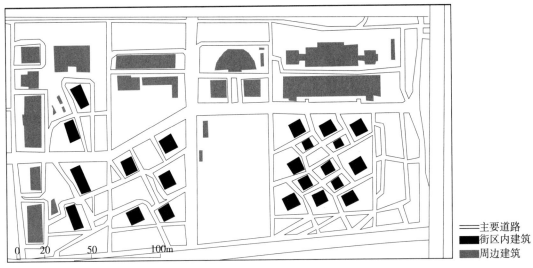

图 5-13 北京建外 SOHO 平面图示意图
（来源：自绘）

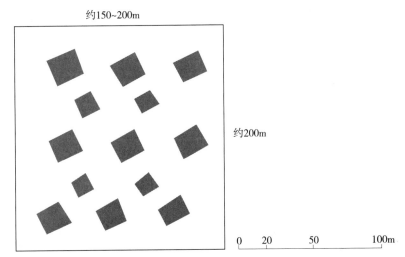

图 5-14 建外 SOHO 典型街坊尺度示意图
（来源：自绘）

---

① 王红卫. 城市型居住街区空间布局研究 [D]. 广州：华南理工大学硕士学位论文，2012.
② 中国城市规划设计研究院编著. 城市发展规律——知与行 [M]. 北京：中国建筑工业出版社，2016.

图 5-15 建外 SOHO
(来源：自摄)

（1）建外 SOHO 是城市里的一部分。规划引入"街道"的概念，使商铺、办公、住宅之间不再是孤立的功能区，营造出人们可以自由出入的开放空间。车道被安排在地下一层，整个地面全部供人们步行使用，创造出安全舒适的街道、广场[①]。

（2）建外 SOHO 的道路交通系统是完全开放式的，住区内道路系统与城市之间有很好的互动，人车分流。

（3）整个项目道路系统布局采取小尺度的道路网格系统，规划范围内设置了 16 条步行街道，宽度在 4～6m，住区内部形成完整的步行系统。建外 SOHO 的开放空间系统类型多样，底层商业楼考虑住宅外部空间和城市广场的融合。地块内设置不规则的广场、小型绿地，通过步行道相互贯通，将住区的开放空间系统变成城市开放空间网络的一部分。建外 SOHO 有配套齐全的服务设施，包括餐饮、健身、休闲、美容美发、服饰、家居装饰等。SOHO 商业休闲全部沿市政街道两侧及内部小街底层设立，面积从 100m^2 到 600m^2 不等，部分小型零售点分布在每个邻里院落住宅的底层。

（4）建设建外 SOHO 时为了防止居住街区规模过大而产生的一系列问题，规划提出增加城市路网密度，对地块的规模做出限制，形成五个规模尺度相近的街区，每个规模在 2～3 万 m^2。较小的街区规模，不仅利于城市的交通，还可以增加居住空间的邻里归属感，且小地块的住区开发模式有利于开发商的分期建设及创造更多的住区多样性，降低开发风险。

功能混合。建外 SOHO 项目分为四个居住街区和一个绿化街区。设计者将居住、办公、商业、娱乐、休闲等多种功能混合，每栋塔楼采取垂直方向的功能混合，地下两层作为停车和各种设备用房，地上一层和二层主要是商业、餐饮、服装、美容等业态，中间层设计较为灵活，可作为商用办公也可作为住宅居住，顶层作为高档住宅。街区规划结构清晰，规划布局将每个街区的尺度缩小使其具备

---

① 徐锋. 北京"SOHO"，北京市朝阳区，中国[J]. 世界建筑，2001（12）.

亲和力，增加了区域的可识别性。各街区之间相对独立又互相联系，街区之间由共享性的开放空间、道路系统连接，整个项目具备完整性。

（5）丰富的城市景观。

建外 SOHO 街区内种植各种树木及灵活设置各种街区小品，街区景观是城市景观的一部分，呈现出丰富多彩的街区景区。

（6）开放的街区形态。

建外 SOHO 街区肌理和周边肌理融合，街区呈现开放的街区形态。

5.2.5 唐山凤凰新城

唐山凤凰新城概况：唐山凤凰新城由于各种客观因素，并未完全按规划实施，但作为小街区典型案例仍然值得研究。唐山凤凰新城项目设计开始于 2010 年左右，位于唐山市路北区范围内，基地原为军用机场，总面积 23km^2。

唐山凤凰新城的小街区特征[1,2]：

（1）唐山凤凰新城位于整个城市中，是城市中的一部分。

（2）采取网格化的道路结构。城市主干道间距 500m 左右，与现有城市主干道网络相连，机场新区部分通过密集的支路形成完整的小网格道路结构。干道系统：林荫干道 40~60m 宽、相隔 500~600m 远。干道分为交通型干道、生活型干道（双向行驶，强调"通"），次干道和密集支路（单向行驶，强调"达"）。从规划指标看，整个凤凰新城用地率为 24.95%，已达到交通发达国家城市水平。

（3）街区与路网：凤凰新城被开放且密集的支路系统划分成有秩序的小街区，每个街区宽度约为 80~160m。小尺度街区可容纳不同类型、强度的使用功能，为城市未来的发展保留弹性。开放细密的支路系统发挥分散交通流量、降低干道交通承载压力的作用，且密集的路网可更大幅度提升街道活力以及增进人际交流的机会，给人们提供亲切的交往空间。

（4）小街坊的边长在 80~160m 之间。街坊内建筑以围合式为主，形成连续的街道界面。东西向建筑降低层数，布置商业及小规模社区服务设施。建筑北侧道路利用建筑阴影区做路边停车。小街坊形态：根据凤凰新城总体居住 30 万~35 万人的人口目标，规划者对每个规划单元中的居住用地的用地强度也作出了明确规定，从规划单元外围小地块较高的用地强度到规划单元中心较大地块较低的用地强度，容积率 3.0~2.0，住宅建筑业根据指标要求呈现丰富的形态。沿生活性干道和干道光明路两侧的建筑可以设置点式高层建筑，高度控制在（18 层）55m 以下。次干道和支路围合的街区内整体设置板式多层建筑，高度控制在（8 层）25m 以下。南北向街道沿街建筑，建筑高度控制在（4 层）13.5m 以下。

（5）和城市中的景观形成一个整体。唐山凤凰新城中设置各种树木和景观小品，街区景观和城市景观相融合，成为一个整体。

（6）开放的街区形态。唐山凤凰新城中的街区建筑呈现大开放式的街区形态。

---

[1] 卞洪滨. 小街区密路网住区模式研究——以天津为例 [D]. 天津：天津大学博士学位论文，2010.
[2] 刘小波. 我国城市小街坊住区公共服务设施主要问题研究 [D]. 北京：清华大学博士学位论文，2010.

5.3 国外现代小街区的理论及实践案例的启示

现代国外也有若干典型小街区的理论及实践案例,如传统街区城市的织补理论及实践、"第三类型城市"理论及实践、美国的新城市主义理论及实践、日本幕张新城等。分析国外小街区理论及案例,可以给中国小街区案例以启示。

5.3.1 传统街区城市的织补理论及实践

20世纪70年代中期,面对现代城市在乌托邦式的完全开放的、完整的城市理念下形成的无奈的城市片段,很多学者开始探索拯救城市的理论与途径。柯林·罗著名的《拼贴城市》(1976年)第一次在理论上明确提出了用文脉主义(contextualism)的方法织补现代城市的片段的设想。他认为,现代资本主义社会毕竟是非全开放、非整体的,所以现代主义"整体设计"(total design)的思想必然成为建筑师、规划师们永远无法了结的心愿。面对多元的社会,建筑师只能接受多元的片段,他所能做的就是像17世纪以前的罗马人那样,不断地改造、叠加他们的城市,使之成为最有魅力的城市建筑与历史的"作品选集"。罗马人在历史的过程中,在辉煌的"并置"甚至相互"冲突"的公共建筑、现实与历史的片段缝隙之间,建立起了普通却又多变的联系[1]。

当代最能集中反映"拼贴城市"思想的实践莫过于柏林从20世纪70年代末开始的城市织补建设。当时的前联邦德国政府提出了回归城市的口号,并在1978年组织了IBA住宅博览会。从城市设计方面讲,柏林的做法就是通过鼓励探索适于当地传统的城市建筑类型,重新织补被战后现代建筑肢解的城市肌理[1]。20世纪90年代初,前联邦德国和前民主德国统一后,合并的新柏林开始尝试从城市各个系统入手,提出织补城市的策略,使织补城市的概念得到进一步发展[2]。2001年,巴黎作为申办城市之一,为申办2008年奥运会,更是明确提出织补城市(weaving the city)的主题口号。

从对20世纪70年代末以来的城市建设的理论发展的简单回顾可以看出,通过各种规模的城市建设项目,在功能上完善市政设施,激发城市活力,在形态上探寻具有围合感的城市建筑类型,重塑城市街道、广场以及有明确界定的开放空间,织补被战后现代城市建设肢解的肌理成为当代西方城市发展的趋势[3]。

5.3.2 "第三类型城市"理论及实践

法国建筑师鲍赞巴克认为西方居住街区的发展演变经历三个阶段的发展历程(图5-16):(1)"第一类型"的封闭街区,指工业革命之前,城市空间的主要元素是"周边有道路的建筑街区,街道两边有多层住宅,它们带有院落和后院建筑",城市住宅主要依附于城市肌理和城市街道。街区是公共空间的边界,起到了把建筑内的生活及庭院和街道上的公共空间联系起来的作用。院落、街道、户内空间都是人们生活中必不可少的一部分。(2)"第二类型"的独立街区开始于19世纪到20世纪中叶,这一时代盛行现代主义思潮,建筑成为实体结构,脱离了城市文脉成为独立的个体,自由地分布于城市空间当中。(3)"第三类型"的开放街区的规划理念,具有4个特征:①建筑具有围

---

[1] 张杰,邵磊.中国式住居的织补策略[J].时代建筑,2006(3):64-66.
[2] Vidler A. The Third Typology[C]//Krler Leon. Rational Architecture:The Reconstruction of European City. Brussels:Archives d'Architecture,1978:28-32.
[3] 张杰,邓翔宇,袁路平.探索新的城市建筑类型,织补城市肌理[J].城市规划,2004(12).

合感，但作为自由的个体存在，相互间保持一定的独立性；②建筑单体的独立性有利于建立多样化的设计，使街区富于个性；③形成多样化的城市空间品质，不严格限制建筑的高度，街道边的人可以欣赏到不同建筑高度形成的丰富多彩的城市天际线；④强调居住街区局部空间的异质性、混杂性和矛盾性，但不失城市整体秩序的统一性①。

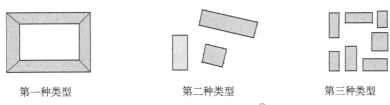

第一种类型　　　　　第二种类型　　　　　第三种类型

图 5-16　鲍赞巴克提出的居住街区发展三种类型②

鲍赞巴克的"第三类型城市"虽然和历史上的围合式街区有某些共同点，但街区为了适应新的时代也有很多新的特征，改写了被一些欧洲建筑师奉为圭臬的城市设计原则。改写第一条：历史街区、街坊可以是开放的而不是封闭的，把阳光引入街坊，把城市空间和城市视线引入街坊。改写第二条：低层高密度不是唯一的答案。通过开放，建筑可以更高。通过分层的切割，不同高度的开放，8 层是可以接受的，超过了奥斯曼时代的巴黎，局部 11～13 层也是可行的。改写第三条，沿街立面不一定要连续完整。高低、进退、断缺、不同材质是构成城市多元性呈现的工具。改写第四条，现代生活所必需的汽车交通不是我们的敌人，它们可以与步行者共享街道③。

Massena 街区概况：鲍赞巴克经过二十几年对街区和微观城市尺度的深入研究和实践，使"开放街区"理念不断完善，他设计的位于巴黎左岸紧临塞纳河的 Massena 街区的成功引起了大家的注意，基地东临城市环线，西面是国家图书馆，南面是成片封闭庭院的奥斯曼街区，北面是塞纳河（图 5-17）。

图 5-17　Massena 街区
（来源：谷歌地图截图）

Massena 街区的小街区特征：

---

① 于泳，黎志涛."开放街区"规划理念及其对中国城市住宅建设的启示 [J]. 规划师. 2006（2）：101-104.
② 胡珊，李军，杜安迪. 鲍赞巴克的设计理念与作品研究 [J]. 沈阳建筑大学学报，2012（10）：353-357.
③ 李振宇. 在历史与未来之间的妥协——关于包赞巴克"开放街区"的断想 [J]. 城市环境设计，2015（7）：42-45.

（1）街区在城市中，是城市的一部分。街区方案是一套街道网格，垂直于塞纳河，延续南边原有的城市肌理。

（2）街区没有对机动车的依赖。

（3）高密度的城市道路网，将城市充分连接起来。街区网格中存在一种"游戏规则"，为插入建筑的时候提供一种"疏松度"。

（4）总平面布局灵活多样，以小规模城市地块进行街区开发，各地块共同组成完整的具有混合功能的社区[①]。社区汇集居住、办公、学校、适量商业服务网点。在道路网格上运用"疏松"原则布置房子、中心花园，并与居住区保持较多的交流。街道笔直相连，将建筑规范体块的界限缩小在25m宽度以内。房屋面朝街道相互交错排列，并规定留白空地的下限宽度，以避免街道两边的房子面对面冲突产生视线干扰。

（5）街区景观多样。建筑单体在设计手法和材料选择上也较为自由，风格多样，既丰富了街区的空间景观，也满足不同人的不同需求。

（6）开放的街区形态。在街区的具体地块中，鲍赞巴克灵活运用"第三类型城市"理论，每个街区地块都呈现"第三类型城市"的街区特征，是开放型街区形态。

5.3.3 美国的小街区理论及案例

20世纪80年代在美国开始的新城市主义运动，反对基于现代主义思想的政策、法规、规划条例，反对功能分区，反对住区规划中以汽车为主导而产生的忽视人和自然环境的现象。提倡小街区规划思想，即倡导步行、公共交通，重视公共空间的连续性，强调人文精神等。"新城市主义"的代表性住区模式之一——"传统邻里发展模式"（Traditional Neighborhood Development，简称TND）主张向传统城市规划理论学习，重塑邻里空间，强调交往空间、邻里单元、传统街坊的重要性。其主要内容是：以邻里为社区的基本单元，每个邻里以400m左右为半径，规模约为16～80万m^2。邻里内有多种类型的住宅和完善的配套服务设施，大部分家庭到邻里中心的距离约5分钟左右。公共设施围绕邻里中心布置，住宅后巷作为邻里间交往活动的场所，以网格状道路系统组织邻里单元，减少交通拥堵，增加出行路径与方式的可选择性[②]。

滨海（Seaside）社区概况：位于美国佛罗里达的滨海（Seaside）社区是"新城市主义"TND社区的典型。佛罗里达州Seaside小镇始建于1980年，是位于郊区的滨海居住度假小镇，被时代周刊列为美国近十年"十大设计成就之一"，也是开放型社区首个应用者。小区占地32.4万m^2，800m海岸线，约2000人，350个独立住宅，200套公寓单元和200间旅馆客房[③]。小区以中央广场为核心，社区道路都通向海滩和城镇中心，公共服务设置在广场周边，供所有住户使用；城市界面以中高密度住宅为主，景观界面打造滨海低密度区。

滨海（Seaside）社区小街区特征[③]：

（1）居住街区是城市中的一部分。城市界面：人口密度较高，靠近城市和人流、交通较好的方向，排布以中高密度的住宅和大量公共服务配套为主，营造活力繁华的小镇生活。

（2）全人、车混行，通过增加路网密度，降低道路等级，提高开放程度，提升商业价值。没有

---

① 卓海旋. 城市和城市街区设计漫谈——以巴黎左岸马森纳（Massena）街区设计为例[J]. 厦门广播电视大学学报，2009（3）：92-96.

② 王乐春. 城市居住街区模式研究[D]. 长沙：湖南大学硕士学位论文，2010.

③ 国内外5个开放式住区的经典案例 http://bbs.zhulong.com/101020_group_689/detail9217380/.

对机动车的依赖。

（3）道路体系：社区道路系统没有区分主干道和次干道，它通过增加路网整体密度，降低道路等级，提高了每户的通达性，又降低了机动车的行车速度。可达性：每个邻里半径不超过400m，保证大部分家庭到邻里公园仅需步行3分钟左右，到社区中心广场或公共空间仅步行5分钟。

（4）小街坊用地。公共服务设施环绕中央广场布置：市政厅、购物中心、俱乐部、社区中心、邮局等。住宅产品包括：独栋别墅、双拼别墅、联排别墅。购买者以自住和度假型第二住所为主。海滨布置少量度假旅馆、凉亭，海滩无其他开发，保持自然状态，供人们享受。利用原有生态资源，保护性开发为绿化公园。

（5）景观界面：保持海滩自然景观为主，布置少量低密度旅馆、凉亭等，不做过多开发，只设置少量景观节点，形成纯粹的景观低密区。以核心中央广场为标志，设置大量商业体外摆、住宅小节点、凉亭等公共开放空间，这些地产成为邻里间聚会交流的场所，从而营造强烈的社区氛围。

（6）开放的街区形态。街区建筑呈现开放式的街区形态。

5.3.4 日本幕张新城

20世纪中期以来，近半个世纪的日本居住区开发的主流形式是"居住团地"（相当于我国的居住小区）。1982年日本出现泡沫经济，一直持续到1990年。当时金融交易市场下跌，泡沫经济也随金融市场的下滑化作了泡影。之后，日本对经济框架做出了调整，开始从一个"经济快速发展的社会"向"可持续发展的社会"发生转变[①]。随着社会、经济的发展，人们对功能主义理论影响下产生的单调行列式住宅感到乏味，开始确立街区的思想。当时欧洲国家的居住理论与实践推动了日本的居住街区建设。幕张滨城住区就是日本当时许多新城开发中街区式住宅建设中的一例。

日本幕张新城概况：日本幕张滨城住区是一个较为完整、典型的"居住街区"模式的住区，在日本住区建设史上具备里程碑的意义。幕张滨城住区（bay town）位于幕张新都心的东南角，幕张新都心位于日本首都东京以东约25km临东京湾的海滨。滨海住区与海滨公园和文教区相邻，被水面和绿地环绕，占地面积约84km²，占新都心总开发面积的16%。规划人口约为26000人，规划户数约为8900户[②]。

日本幕张滨城小街区特征[③]：

（1）居住街区是城市中的一部分。

（2）对机动车没有明显的依赖。

（3）窄马路、密路网。

（4）滨城住宅以"居住街区"模式来构建整个住区的结构：按照场所与空间应富有变化的原则，将住区分为13个建设地区，便于分期建设，并分别规定各领域内街区的空间形态。住区中心地段为中层街区，周边地段为高层街区或超高层街区。幕张滨城住区的中层街区尺寸一般为70m×80m，甚至更小。建筑沿街道周边布置，形成中庭空间。与行列式住宅的内院比较，街区型住宅的中庭有更加明确的领域范围、边界标识，易于形成归属感，是实现邻里间有效交往并产生认同的条件。构筑适应周边都市街区肌理的开放型住区结构，避免在住区内部采取建筑自由布局的方式；采取建筑

---

① 王建国.现代城市设计理论和方法[M].南京：东南大学出版社，2001：24-67.
② 渡边定夫.现代的展望[M].东京：鹿岛出版社，1993：1-45.
③ 王乐春.城市居住街区模式研究[D].长沙：湖南大学硕士学位论文，2010.

沿街布局的方式，形成内外有别的中庭活动空间，恢复现代生活中逐渐失去的生活韵律；同时把采取围合布局形式带来的日照和通风问题控制在最小限度；住区功能复合化，通过配置能开展国际交流的社区中心设施及沿主要街道的住宅底层布置商业和商务等城市功能，形成开放、具有人气的都市社区。

（5）丰富的街区景观：各街区的中庭多为两层，一层为机械式立体停车场和会所，二层为该街区住户的专用活动场地，一般都做绿化。街区中庭是街区的重要空间，《幕张滨城住区城市设计导则》中对中庭设计无任何控制，设计师的主要任务是创造丰富的、具有强烈可识别性的中庭空间，每个街区的中庭景观风格各异、各具千秋。

（6）住区的规划原则是"把都市住区作为都市街区来设计，而不是封闭式的居住小区，重视建筑与街道的一体化"，营造开放的街区形态。

5.4 现代小街区的特点总结[①②]

中国现代小街区住宅分为旧城改造和新区小街区两种类型。在中国旧城改造的住区中，在城市既有道路条件的影响下，不可能产生超大街区，产生了如小后仓的小开放街区案例，海运仓的大开放街区案例，都是被动式采取小街区的案例。新区中的小街区为了解决城市功能混合，对绿色的住区模式有所探索。归纳旧区、新区小街区案例的特征，结合国外现代小街区的理论、实践，小街区的特点主要具备以下六点特征：

（1）城市与街区同构，小尺度网络状的街区路网

现代小街区的典型特点是整个街区道路为网状结构，且将城市路网延伸到住区内部，形成开放式的路网体系。道路的间距相对居住小区模式变小，在70~180m范围之内。小尺度网络状街区路网不仅提供给城市最高的交通功能、经济效益，它还提供给城市最好的适宜居住性。

（2）通勤以步行、公共交通为主

小尺度网络状街区路网增加了街区密度、顺畅通道，给社区提供服务设施、混合土地使用、紧凑布局、提升公共交通的活力，减少出行的需要，增加出行方式的选择，减少机动车出行的次数、距离，减轻道路的交通负担。

（3）舒适的街道和步行环境

现代城市型居住街区认为街道是城市开放空间的重要组成部分，是人们交往的最主要公共领域，是游客最直接感受城市环境的重要方面。给人舒适感觉的街道有利于人与街道环境的交流、人与建筑之间的交流，这就要求建筑有宜人的尺度、丰富的大量细部。现代城市型居住街区能够形成舒适的步行环境有如下原因：①充分利用街道：尽量将沿街建筑的出入口直接布置在街道上，增加街道使用量，保证街道的安全；②居住街区有不同的开放空间可以提供步行道，增加人们的社会交往和公共活动空间。居住街区的街道尺度更加符合人性尺度，建筑细部丰富，使住居街区的步行环境更加安全舒适；③感觉舒适的街道为了保持街道两侧建筑的连续性，避免建筑高层对建筑的影响，采取退台的方式，随着建筑高度的增加，大体量建筑逐步后退以达到缩小建筑体量的目的。强调建筑裙楼对街道的界定作用。同时建筑应有直接的出入口，不仅增加街道的活力，还可以丰富道路两侧

---

① 胡珊.1949-2012年武汉市居住街区空间形态的演变[D].武汉：武汉大学博士学位论文，2013.
② 王红卫.城市型居住街区空间布局研究[D].广州：华南理工大学硕士学位论文，2012.

的街道景观。

（4）小街坊用地，多功能混合的居住街区形态

现代主义的功能分区，使得城市统一的整体被打破，居民的工作和生活被分割，而且经常往返于工作和生活区域，不但造成了城市交通的堵塞，而且对城市生活环境也造成不同程度的影响。

C.莫丁在《城市设计：绿色尺度》中提出[①]：在城市街区形式上，周边围合式发展更适合可持续发展的需要。它不仅能加强城市空间形态的塑造，且扩大商业面积。在街区用地性质上，混合利用更有利于可持续发展，既可以减少居住与就业之间的交通量，也有助于增加就业机会，丰富街区的社会经济结构。街区的活力往往表现在街区经济结构的多样性与复杂性中，特别是不同结构之间的经济活动常使得街区充满生机。容纳了就业、教育、休闲、购物及物业管理功能等多种行为活动方式的街区才能创造出良好的环境，更有利于平衡城市用地。理想的街区尺度在 70m×70m ~ 100m×100m 的面积范围之内。沿街建筑的大小与内庭院中的活动有关。街区越小，城市生活的渗透性越强。即使做单一的大型项目，也可以将其划分为很多小街区，形成良好的城市景观。

（5）多样化的景观或开放空间

现代居住街区的景观多样，具备开放空间的特点。通过建筑来进行对开放空间的界定，由建筑围合出一系列多样化的城市开放空间，包括街道、不同类型尺度的公园、广场、内部庭院等。多样化的开放空间体现在不同的功能、形式、规模尺度、类型共同构成居住街区的开放空间。这些开放空间不仅要保持多样性还要保持一定的连续完整性，形成连续的步行系统，增加开放空间的吸引力，使居住街区更具活力。

（6）开放的（或大开放，小封闭的）街区形态

"大开放，小封闭"的形式，一般有两种模式：第一种模式分为3级，街区—小组团—院落模式，这种模式层次性较好，由小区级公共空间—居住组团级半公共空间—宅间的半私密空间组成；第二种模式分为2级，街区—院落，即小区级公共空间—宅间半私密空间的简单层次组成，结构清晰明确。

---

① 吕海虹，张杰. 也谈城市街区——读C.莫丁《城市设计：绿色尺度》有感[J]. 世界建筑，2001（6）：75-77.

第6章 住宅与技术

2015年度，住区规划与住宅设计及相关领域对绿色建筑评价住宅产业化、适老设计等热点议题的探索持续升温，讨论范围由东部发达省市扩展至中西部广大地区。同时，为做好"十二五"规划和"十三五"规划的衔接工作，为今后的发展提供更具操作性的指导政策，住房地产建设部有关部门在综合各地方标准和行业标准的基础上，于2015年前后密集颁布了与住区规划和住宅设计热点议题相关的一系列国家标准、国家标准修订版以及国标图集。为"十二五"规划住宅技术的发展与现代化献上了一大批丰富的实质性成果。其中，与绿色建筑评价相关的标准包括：《绿色建筑评价标准（修订版）》（GB/T 50378—2014）、《既有建筑绿色改造评价标准》（GB/T 51141—2015）、《民用建筑能耗标准》（GB/T 51161—2016）等；与住宅产业化相关的标准包括：《建筑产业现代化国家建筑标准设计体系》、《全国民用建筑工程设计技术措施建筑产业现代化专篇》系列图集、《工业化建筑评价标准》（GB/T 51129—2015）等；与适老设计相关的标准包括《老年人居住建筑设计规范（修订版）》（GB 50340—2016）、《老年人居住建筑》标准设计图集等；除此之外，国家还对一批使用较久的工程设计规范进行了修订，包括《建筑设计防火规范》（GB 50016—2014）等。

与此同时，主要发达省市的住建委、规划委在上述国家标准的基础之上，在热点议题的前沿分支领域，例如住宅装修一体化、既有建筑适老改造等领域，结合本地区的发展状况，制定了相应的地方标准，为国家标准提供了有效补充和扩展。

6.1 绿色住宅建筑评价与绿色设计

2015年5月，国务院印发《关于加快推进生态文明建设的意见》（本节以下简称《意见》）。《意见》将生态文明建设提升到更加突出的战略位置，其中就包括将"绿色化"与新型工业化、信息化、城镇化、农业现代化等"新四化"并列，强调"五化"协同推进。"大力推进绿色城镇化"，是《意见》的一个重要方面，其中对"大力发展绿色建筑""推进绿色生态城区建设"都提出了明确要求。

我国对建筑节能政策的制定始于20世纪80年代，以1986年《民用建筑节能设计标准（采暖居住建筑部分）》（JGJ 26—1986）的出台为标志。自1986年以后，国家有关建筑节能的标准规范不断增加，其中2006年出台了《绿色建筑评价标准》（GB/T 50378—2006），该标准的出台为中国建立绿色建筑的星级评价标准体系奠定了基础。2008年，国家正式推行"绿色建筑评价标识"认证体系，截至2015年12月，已有4071个项目获得绿色建筑标识（图6-1）。

住宅建筑是民用建筑最重要的组成部分，也是最先开展建筑节能研究的建筑类型之一。因此自20世纪80年代以来，住宅一直是国家绿色建筑政策的重点关注领域。自绿色建筑星级评价制度实施以来，有1900余个绿色住宅项目获得绿建标识，数量占比达47%，建筑面积占比达61%（图6-2）。

图 6-1 全国历年获得绿色建筑评价标识数量的项目统计
（资料来源：绿色建筑评价标识网 http://www.cngb.org.cn/）

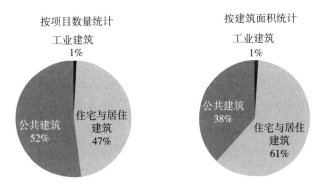

图 6-2 获绿色建筑评价标识的建筑类型分布
（资料来源：绿色建筑评价标识网 http://www.cngb.org.cn/）

2015年，国家进一步完善了绿色住宅建筑评价体系的有关参考标准，修订了《绿色建筑评价标准》（GB/T 50378—2014），以及出台了《既有建筑绿色改造评价标准》（GB/T 51141—2015）。地方层面，各个省区市在新版《绿色建筑评价标准》的基础上相继修订或制定自己的绿色住宅建筑有关评价标准，此外，一些绿色建筑发展较好的省份在2015年率先出台了有关绿色建筑的地方性法规，大大提升了住宅市场节能设计和节能评价的强制力。

6.1.1 《绿色建筑评价标准》的修订

《绿色建筑评价标准》是我国绿色建筑星级评价体系的基础参考标准，旧版的《绿色建筑评价标准》已出台8年，随着技术的不断发展，出现了一些评价指标的区分度降低、一些指标的权重设置不合理的问题。2011年，住房城乡建设部发布《关于印发<2011年工程建设标准规范制订、修订计划>的通知》（建标〔2011〕17号），要求对《绿色建筑评价标准》进行修订。新版《绿色建筑评价标准》（GB/T50378—2014）于2014年4月15日发布，2015年1月1日起正式实施。

新版《绿色建筑评价标准》（本节以下简称《标准》）的评价对象根据建筑类型划分为居住建筑和公共建筑两部分。适用于住宅的修订内容主要涉及评价指标的优化及评价方法的改进两大方面：

①在评价指标层面，新《标准》最大的变动是将原来单一的评价结果分为了两个。即设计评价和运行评价。旧标准的"运营管理"大项与新增加的"施工管理"大项仅作为运营评价的评价指标，剩余5个大项的指标为设计评价和施工评价共用。这一调整意在与之前颁布的《绿色建筑评价标识实施细则（试行修订）》（建科综[2008]61号）相协调，并更好地实现了对建筑全生命周期的覆

盖。另一个显著的变化则是增加了"创新与提高"这一加分项，该项目分为"提高"和"创新"两大板块，前者主要考察利用建筑节能基础对建筑节能工况的提升情况，而后者主要考察建筑的设计创新。

②在评价方法层面，新版《标准》抛弃了以美国 LEED 评价体系为代表的"钩选式"评价方法，而改用与 BREEAM、DGNB 一致的"加权式"评价法。具体而言，采用新版《标准》进行评价的建筑，其总得分为 7 个分项的得分乘以其对应权重值的加和。每个分项的满分为 100 分，不同小项的权重亦有所区别。居住类建筑各大项权重值见表 6-1 所列。评价结果的不同星级亦根据得分分值进行区分，一星级为 50 分及以上，二星级为 60 分及以上，三星级为 80 分及以上。

绿色建筑（居住建筑部分）评价分项权重　　　　　　　表 6-1

	节地与室外环境	节能与能源利用	节水与水资源利用	节材与材料资源利用	室内环境质量	施工管理	运营管理
设计评价	0.21	0.24	0.20	0.17	0.18	—	—
运行评价	0.17	0.19	0.16	0.14	0.14	0.10	0.10

（数据来源：《绿色建筑评价标准》（GB/T 50378—2014）P2）

此外，新《标准》在评价方法上还增加了两项新规定。其一是针对创新项设定了专门的计分方法，每个创新项的得分权重控制在 1~2 分，创新项加分上限为 10 分，创新项得分直接加在总得分之上；其二是引入了得分率的概念，在之前的评价中，常出现某一评价指标在被评价建筑上不适用的情况，新《标准》中自动将这类指标剔除，用适用于被评价建筑的指标的得分率乘以各个分项的权重值得到各个分项的最终得分。

总体来说，新的定量化评价方法使评价标准更加科学合理。此外，创新项的加入鼓励设计方和施工方在设计过程中进行设计创新，鼓励使用更加绿色的建筑设备或技术。同时，新《标准》的评价方法也从一定程度上提高了标准的门槛，这样做的初始目的是希望开发商能够将政府的节能补贴真正用于提升建筑的"绿色化"水平上，而非借着绿色星级的噱头向政府要钱。根据新标准修订组的研究，新的标准略微提高了一、二星级建筑的认证门槛，而较大幅提高了三星级建筑的认证门槛[①]。2015 年全年的绿色标识认证数据进一步证实了这一判断，三星级认证建筑的占比有较大程度的下滑，绝对数量与 2014 年持平，没有增长（图 6-3）。

6.1.2 《既有建筑绿色改造评价标准》的制定

自 2010 年以来，对既有住宅的节能改造逐渐成为建筑节能的重点关注领域。相比于新建住宅，既有住宅，特别是老旧住宅的规模要大得多，其节能潜力不可忽视。自 2008 年设立绿色建筑评价标识制度以来，既有建筑改造获得标识的住宅项目占比不足 0.5%。据这些获得标识的项目可以大体测算出，既有住宅改造的节能率可达到 61.1%，而单位面积增量成本仅为 36 元 /m^2[②]。因此，许多省市在近五年纷纷开始探索制定既有住宅节能改造的标准，国家也于 2013 年正式启动了与既有住宅绿色改造直接相关的标准——《既有建筑绿色改造评价标准》的制定工作。2015 年 12 月 3 日，《既

---

① 林海燕，程志军，叶凌. 国家标准《绿色建筑评价标准》GB/T 50378—2014 解读 [J]. 建设科技，2014（16）.
② 能源世界. 国家标准《既有建筑绿色改造评价标准》GB/T 51141 简介. http://www.chinagb.net/gbmeeting/igc12/PPT/b/20160407/115015.shtml.

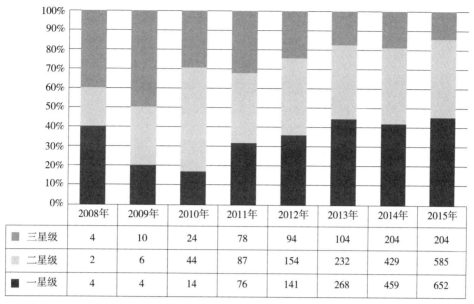

图 6-3　2008～2015 年绿色建筑评价标识的星级分布情况
（资料来源：绿色建筑评价标识网 http://www.cngb.org.cn/）

有建筑绿色改造评价标准》（GB/T 51141—2015）。正式发布，并自 2016 年 8 月 1 日起开始实施。《既有建筑绿色改造评价标准》（本节以下简称《改造标准》）填补了住宅改造绿色评价领域的空白，同时也是对《绿色建筑评价标准》的细化和补充。

《改造标准》非常注重与《绿色建筑评价标准》的协调，在评分方法、等级认证等基础方面与《绿色建筑评价标准》基本相同，同样采用加权法 + 得分率的方法算分，同样设置了加分项，同样给出设计评价和运行评价两个结果。

不过考虑到改造建筑的特殊性，《既有建筑绿色改造评价标准》也相应设定了许多适用于改造评价的内容，以此与《绿色建筑评价标准》相区别。其中比较重要的区别包括大类的划分不同，《改造标准》的大类按照专业进行划分，主要考虑到改造项目通常是按照专业来进行的，且在很多方面无法套用"四节 + 一环保"的条款。具体的大类划分与权重赋值见表 6-2 所列。

《既有建筑绿色改造评价标准》（居住建筑部分）分值权重分布　　表 6-2

	规划与建筑	结构与材料	暖通空调	给水排水	电气	施工管理	运营管理	提高与创新
设计评价	25%	20%	22%	15%	18%	—	—	10分
运营评价	19%	17%	18%	12%	14%	9%	11%	10分

（数据来源：根据《既有建筑绿色改造评价标准》（GB/T 51141—2015）总则有关条文整理）

此外，考虑到改造建筑的节能效果会因为既有的设计缺陷而受到影响，因此《改造标准》在热工、隔声、采光等方面调低了标准。另外由于改造过程并不一定涉及所有专业，因此《改造标准》也不要求每个大项的得分都不得低于 40 分。

不同于《绿色建筑评价标准》的出台背景，我国在既有住宅节能改造领域的实践并不多，相关研究也十分有限，因此《既有建筑绿色改造评价标准》具有相当的前瞻性，这也意味着该标准在实践过程中可能会遇到更多的问题,因此需要有关部门对这一标准的实施情况进行跟进,并适时开展修订工作。

6.1.3 绿色住宅建筑评价与设计的地方政策

自2006年国家发布《绿色建筑评价标准》以来,各地方省市积极响应,并根据自身情况与所处气候分区,制定了相应的绿色建筑地方标准。截至2015年底,全国共31个省市编制了绿色建筑实施方案,出台了大量的绿色建筑评价及设计的地方标准。鉴于住宅建筑在绿色建筑中的主体地位,北京、上海等省市还出台了针对住宅和居住区的节能设计和评价标准。此外,随着《绿色建筑评价标准》的修订,各省市在完善各自绿色建筑地方标准体系的同时,也开始更新部分标准。

北京市在2014年发布《绿色住区标准》(CECS377:2014),2015年修订了《居住建筑节能设计标准》(DB11/891—2012),2016年修订了《绿色建筑评价标准》(DB11/T 825—2015);上海市在2014年编制了《住宅建筑绿色设计标准》(DBJ 08—2139—2014);天津市在2015年底修订了《天津市绿色建筑评价标准》(DB/T 29—204—2015),并颁布了《天津市绿色建筑材料评价技术导则》以及《天津市绿色建筑设备评价技术导则》;重庆市在2015年出台了《重庆市建筑能效(绿色建筑)测评与标识管理办法》;山东省在2015年修订了《居住建筑节能设计标准》(DB 37/5026—2014),将节能幅度上调至75%,山东省也因此成为全国首个出台并执行节能75%标准的省份[1]。

值得特别注意的是,2015年,江苏省和浙江省分别在2015年3月27日和2015年12月4日先后出台了《江苏省绿色建筑发展条例》和《浙江省绿色建筑条例》,这是全国率先出台的促进有关绿色住宅建设的地方性法规。其中,《江苏省绿色建筑发展条例》规定江苏省所有的新建住宅采用一星级以上绿色建筑标准,未达到项目绿色建筑等级标准的,不得颁发建设工程规划许可证[2]。《浙江省绿色建筑条例》规定浙江省城市、镇总体规划确定的城镇建设用地范围内新建民用建筑(包括农民自建住宅除外的其余所有类型住宅),应当按照一星级以上绿色建筑强制性标准进行建设。同时,该条例还收录了一批绿色建筑发展的鼓励性政策,包括使用住房公积金贷款购买二星级以上绿色住宅的,公积金贷款额度最高可上浮20%等[3]。江苏、浙江有关绿色建筑法规的出台,将绿色住宅的推广由政策激励层面上升至法律强制层面,为其他省市出台相关法律法规提供了很好的参照样板。不过,江苏、浙江两省份在条例出台前就已经拥有了非常健全的绿色建筑地方标准体系,且都是绿色建筑发展的大省、强省,其他省份在出台绿色建筑地方性法规之前,首先还应完善相关的地方标准,并培育一批有志于探索绿色建筑相关技术和政策的研究机构和地方企业,形成推进绿色建筑发展的基础氛围。

6.2 工业化住宅

"十二五"末期,受到建筑人力成本不断升高及大规模保障性住房安居工程的实施的影响,中国的住宅工业化进入了快速发展的关键时期。2016年9月27日,国务院办公厅正式印发《关于大

---

[1] 能源世界. 山东发布新版居住建筑节能设计标准 http://www.chinagb.net/policy/gdpolicy/20150729/113073.shtml.
[2] 中共江苏省委新闻网. 江苏省绿色建筑发展条例 http://www.zgjssw.gov.cn/fabuting/wenjian/201504/t2106444.shtml.
[3] 中华人民共和国住房和城乡建设部. 浙江省绿色建筑条例实施 http://www.mohurd.gov.cn/dfxx/201605/t20160510_227408.html.

力发展装配式建筑的指导意见》，为"十三五"期间大规模推广建设工业化住宅奠定了基调。政策层面，国家和地方政府在"十二五"末期密集出台了一系列与建筑产业化、工业化住宅相关的标准规范。其中2015年5月7日住房城乡建设部发布《关于印发〈建筑产业现代化国家建筑标准设计体系〉的通知》（建质函〔2015〕121号）是"十二五"期间出台的有关工业化住宅标准设计的纲领性文件。2015年8月27日住房城乡建设部发布的《工业化建筑评价标准》则是首部关于建筑产业化评价的国家标准，对于推进住宅的工业化建设进程具有重要意义。在国家有关政策推动及各地政府的大力支持之下，2014~2015年，全国范围内掀起了一次工业化建筑建设的热潮。政府层面，各地方政府不断出台与装配式住宅、住宅全装修、住宅集成设计有关的政策标准，据不完全统计，目前全国已有超30个省市出台了工业化住宅相关的指导意见和配套措施。企业层面，一方面以万科集团、长沙远大住工为代表的国家住宅产业化基地加大对建筑产业化技术问题的攻关力度，建设了一大批建筑产业化示范项目[①]；另一方面，很多传统住宅企业一改早先的观望态度，纷纷试水产业化，积极推广预制住宅、装配式建筑理念，加大研发力度，努力开拓市场，加速推进工业化住宅发展。在各方的共同推动下，2015年全国新开工装配式建筑面积大概在3500万~4500万 m^2 之间，近三年新建预制构件厂100多个。全国已有国家住宅产业化基地56个，住宅产业化试点城市11个[②]。工业化住宅产业整体呈现良好发展态势。

6.2.1 《建筑现代产业化标准设计体系》（民用建筑）的制定

自1995年建设部发布《建筑工业化发展纲要》以来，国家在住宅产业化领域出台了一系列设计规范、技术规程和国家标准，不过这些标准基本上是根据当时的需要而出台的，没有进行统一的规划和布局，这就导致现行的住宅产业化标准不能涵盖住宅产业化的全部领域。在各地推进试点的过程中，存在一些因为国家标准不完善而导致的问题，如各地研发形成多种结构体系，缺乏通用性，不利于产业化发展；没有形成全国通用的构配件标准体系，构配件通用性差、工业化程度低、生产质量参差不齐等。这些问题已成为瓶颈，严重制约建筑产业现代化的健康快速发展。基于此，2014年6月住房城乡建设部启动了建筑产业现代化系列国家建筑标准设计图集的研究和编制工作。2015年5月7日，《建筑产业现代化国家建筑标准设计体系》（本节以下简称《体系》）编制完成并对外发布[③]。本次发布的《体系》针对民用建筑，由于工业化住宅是建筑产业化发展的重中之重，《体系》中设计的标准大都围绕工业化住宅及其各分支领域。

《体系》将建筑产业化标准设计分为主体、内装和外围护三个部分，其中主体部分为建筑产业化标准设计的核心，根据结构体系的不同又分为钢筋混凝土结构、钢结构、钢—混凝土混合结构、竹木结构和其他结构五大类（图6-4），其中除"钢—混凝土混合结构"的标准设计只适用于共建之外，其余四种结构类型及内装和外围护的绝大部分标准均适用于住宅。

在上述框架下，《体系》共设置了110个标准设计小类，对应110个标准设计图集，其中99项适用于工业化住宅设计与施工，《装配式住宅建筑设计规程图示》等14项标准设计为工业化住宅专用图集。

从目前图集的编制状况来看，可以发现我国工业化住宅标准体系还很不完善，50%以上的设计

---

① 武洁青.我国建筑产业现代化发展现状与思路[J].住宅产业，2015（7）.
② 北京市住建委.北京住房和城乡建设发展白皮书.http://www.bjjs.gov.cn/publish/portal0/tab662/info105203.htm.
③ 中华人民共和国住房与城乡建设部.住房城乡建设部关于印发建筑产业现代化国家建筑标准设计体系的通知 http://www.mohurd.gov.cn/zcfg/jsbwj_0/jsbwjgczl/201506/t20150605_221096.html.

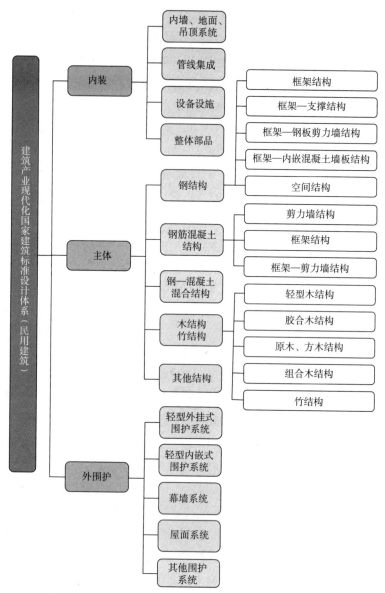

图 6-4 《建筑产业现代化国家建筑标准设计体系》基本架构图
（资料来源：《建筑产业现代化国家建筑标准设计体系》P1）

小类没有修订标准图集（表 6-3）。此外既有标准图集的分布也很不均衡。具体包括：外围护部分的图集非常完善；工业化住宅广泛应用的钢筋混凝土大类图集在 2015 年得到了较好的完善，《预制混凝土剪力墙外墙板》《预制混凝土剪力墙内墙板》《桁架钢筋混凝土叠合板》等 9 部图集在 2015 年 3 月 1 日发布，另外还有多部图集正在编写，《装配式住宅设计规程图示》等 9 部图集尚未开始编纂；而钢结构住宅的图集则只有 40% 处于发布或修编状态，目前只有《钢结构住宅》一部针对非钢筋混凝土住宅的专用规范。而剩余的竹木结构住宅及住宅内装部分则几乎没有国标图集出台。这种分布不均衡的现象也从一个侧面体现出了当前阶段我国住宅产业化的发展重点。根据国外建筑产业化的发展历程，住宅工业化普遍都会经历"先主体，后内装"的过程[①]，而钢筋混凝土主体又

---

① 柯善北.为建筑产业化做好顶层设计——《建筑产业现代化国家建筑标准设计体系》解读[J].中华建设，2015（8）.

是我国首先发展的工业化住宅结构类型，相关实践案例最多，制定标准图集的必要性和可行性也最大。

《建筑产业现代化国家建筑标准设计体系》有关标准制定进度图　　表6-3

项目	总计	已经发布	正在编写/修订	尚未编纂
钢筋混凝土结构	23（6）	8（2）	6（1）	9（3）
钢结构	20（2）	4（1）	5	11（1）
竹木结构	18	1	0	17
内装	16（6）	1	2（1）	13（5）
外围护	22	15	2	5
总计	99（14）	29（3）	15（2）	55（9）

（注：仅统计工业化住宅适用的标准，括号内为工业化住宅专用标准，数据截至2015年5月）
（数据来源：根据《建筑产业现代化国家建筑标准设计体系》有关内容整理）

6.2.2 北京市《住宅全装修设计标准》

《建筑产业现代化国家建筑标准设计体系》确立了国家在"十三五"期间建筑产业化的发展方向。虽然该体系中很多领域尚未出台国家层面的标准，但在一些经济发达且住宅产业化推进较好的地区，已经率先开始进行国标空白领域的标准探索。其中北京市于2015年8月1日开始实施的《住宅全装修设计标准》（DB11/T 1197—2015）即为一例。

所谓"全装修"是指住宅"在交付使用前，住宅内部墙面、顶面、地面、门窗等全部安装、铺贴或粉刷完成，厨房、卫生间设备、部件安装到位，固定家具安装到位"[1]。相比于传统的"毛坯房交房+施工队二次装修"模式，全装修模式可以有效避免二次装修带来的诸多质量问题，极大减少了业主的装修及维护成本，是工业化住宅的重要特征。2015年10月，北京市住建委发布《北京市住房和城乡建设委员会关于实施保障性住房全装修成品交房若干规定的通知》（本小节简称《通知》），明确规定"经济适用住房、限价商品住房按照公共租赁住房装修标准统一实施装配式装修"[2]，进一步扩大了全装修住宅的范围。为保障住宅全装修的质量，《通知》还要求"建筑主体、装修应一体化设计，并作为保障性住房设计方案专家评审的重点内容"。目前，我国并不缺乏有关室内装修的标准规范，各省市也有相关地方标准出台，但这些规范大都聚焦在饰面构造做法上，对于设计的关注程度不足。《住宅全装修设计标准》（本小节简称《标准》）则是国内首部立足于装修设计的地方标准。

《标准》试图对住宅设计各专业间协调过程中出现的常见问题进行规范，在设计层面根除一些因二次拆改而导致的建筑质量问题。标准主体条文分为三节：户内设计、公共空间设计及机电设计。对各功能空间的设计要点均有规定，特别是管线协调、孔洞预留等方面。例如起居室、卧室等空间预留空调孔洞、卫生间设置15mm挡水门槛、厨房设计应考虑常用器具，如灶具、冰箱、微波炉、电饭煲等的摆放位置，并在临近区域布置电源、燃气接口，洗涤池和马桶应靠近排水管设置，燃气热水器和壁挂炉采用水平直排室外等。

《标准》的出台顺应了住宅产业"成品住宅"的发展趋势，同时该标准连同同期出台的《公共

---

[1] DB11/T 1197—2015 住宅全装修设计标准．
[2] 北京市住建委．北京市住房和城乡建设委员会关于实施保障性住房全装修成品交房若干规定的通知．http://www.bjjs.gov.cn/tabid/4199/InfoID/102363/frtid/4188/Default.aspx．

租赁住房内装设计模数协调标准》（DB11/T 1196—2015）以及先前颁布的《住宅整体厨房》（JG/T 184—2014）、《住宅整体卫浴间》（JG/T 183—2011）以及《住宅内用成品楼梯》（JG/T 405—2013）等标准构成了北京市工业化住宅内装标准体系，为国家住宅产业化标准体系的有关装修标准的制定提供了重要参考。

6.2.3 《工业化建筑评价标准》

我国近些年住宅产业的发展速度很快，地方政府也陆续出台了很多工业化住宅设计和建设的奖励政策和行动计划，然而一个主要问题是，随着住宅"产业化"、"工业化"的内涵不断扩大，一些建设单位使用工业化住宅的噱头"骗取"政府补贴或政策优惠的行为，而其负责的项目并未真正利用工业化住宅的相关技术措施，或工业化程度很低。对于地方政府来说，也存在无法为工业化住宅项目"定级"的问题，导致相应鼓励措施的针对性不强。基于此，国家于2014年正式决定制定建筑产业化评价的国家标准。《工业化建筑评价标准》（GB/T 51129—2015）就是我国在该领域出台的首部国家标准，于2015年8月27日发布，2016年1月1日起实施。《工业化建筑评价标准》（本节简称《标准》）的出台意味着我国在建筑产业化领域将拥有一套类似于"绿色建筑评价标准"的等级评价体系，对于我国未来的工业化住宅建设有重要指导意义。

首先《标准》明确界定了建筑"工业化"的内涵，即"标准化设计""工厂化制作（预制）""装配化施工""一体化装修"及"信息化管理"五大领域，这五个领域的界定与《建筑产业现代化国家建筑标准设计体系》以及《关于大力发展装配式建筑的指导意见》的主要内容相协调，也因此确立了工业化住宅的发展方向。

在评价方法上，《标准》采用了与《绿色建筑评价标准》和《既有建筑改造绿色评价标准》相一致的"权重式"计分方法，评价结果也与绿色建筑评价标准十分类似，分为A、AA和AAA三个等级，相对应的分值分别为60分、75分和90分。大类划分与权重赋值的情况见表6-4所列。

《工业化建筑评价标准》的分项权重分布　　　　　表6-4

大类	设计阶段	建造过程	管理与效益
权重	50%	35%	15%

（资料来源：《工业化建筑评价标准》（GB/T 51129—2015）P5）

《标准》的评价结果为百分制得分，因而就必须要将评价指标进行量化。《标准》中首次引入"预制率"与"装配率"的概念。"预制率"指"工业化建筑室外地坪以上的主体结构和围护结构中，预制构件部分的混凝土用量占对应构件混凝土总用量的体积比"。"装配率"是指"工业化建筑中预制构件、建筑部品的数量（或面积）占同类构件或部品总数量（或面积）的比率"。《标准》中明确了参评建筑项目需要满足的预制率和装配率的下限，分别为20%和50%。这一规定起到了鉴别并淘汰"伪工业化"项目的作用。

在具体评分细则的设定上，《标准》所涉及评价内容按照建筑"工业化"的五大发展领域展开，其中"工厂化制作（预制）"、"装配化施工"及"一体化装修"三项合并在建造过程评价大类下。具体来说，设计评价涵盖设计标准化、预制率、装配率、集成技术设计、设计深度、一体化装修和信息化技术应用七个方面；建造过程评价涵盖预制构件生产质量、构件运输、施工管理、施工技术、施工质量、装修工艺及质量等方面；管理与效益评价主要考察项目信息化管理及资源节约与环保的情况。在某些章节还专门增加了住宅专用的评价指标，例如建筑单元标准户型占比，集成式厨房、卫生间的装配率和预制率等。

《标准》体现了设计、生产、运输、吊装、施工、装修等环节的协同配合，对加强工业化住宅项目的工程计划、技术措施、质量控制、材料供应、岗位责任等都具有重要的作用和意义。不过由于该标准实施时间不长，其评价结果尚未实现与地方政策的对接，而这将会成为下一阶段地方政府推进工业化住宅的政策重心。

6.3 老年宜居环境与住宅适老设计

美国人口普查局在2016年3月末发布的《老龄化世界：2015》报告[①]中指出，2015年65岁以上老年人占全球人口比例为8.5%，达到5.62亿人。该报告预测，到2050年，这一数字预计突破16亿人。可见人口快速老龄化问题已成为21世纪上半叶全球最为严峻的问题之一。在这一大背景下，2006年世界卫生组织提出了"老年友好型城市"的概念，并于2007年发布了《全球老年友好城市建设指南》，该《指南》涉及老年友好城市建设的八大领域，其中与住宅技术相关的包括"室外空间和建筑"以及"住房"两大领域，可见住宅与居住区在建设老年友好型城市当中具有重要的地位。2011年国务院发布的《中国老龄事业发展"十二五"规划》中，将"老年宜居环境体系"作为"十二五"时期国家极力构建的六大老龄事业体系之一[②]。在2016年国务院发布的《"十三五"规划纲要草案》中指出"要继续推进老年宜居环境建设"。在老年宜居环境体系的构建中，住宅和社区扮演着至关重要的角色，因为根据发展规划，97%的老年人将主要在家中或社区老年服务机构中进行养老。这一基本目标为我国居住区和住宅的设计提出了新的要求，即居住区需要普遍进行适老化设计，使其达到老年人居住的目的，并在必要时提供养老的可能。

"十二五"期间，国家和地方政府相继出台一系列政策建立健全老年宜居环境体系，在大力推动老年地产和养老服务机构的同时大力推进住宅和住区进行适老化设计探索。"十二五"末期，国家全面修订了《老年人居住建筑设计规范》（GB50340—2016）和《老年人居住建筑》（15J923）标准设计图集等重要标准，预计"十三五"初期发布。至此有关老年宜居环境建设的标准体系已经大致形成。

6.3.1 适老设计有关国家标准的编制与修订

自2010年起，有关部门开始着手对与老年居住建筑有关的国家标准和国标图集进行系统修订。2012年国家对《老年人建筑设计规范》（JCJ 122—1999）和《老年人居住建筑设计标准》（GB/T 50340—2003）开展了征求意见工作，将上述两部标准合并为新版的《老年人居住建筑设计规范》，该规范已于2015年发布征求意见稿，2016年报批，预计于2017年正式印发。2012年12月24日，正式启动了《老年人居住建筑》（15J923）标准设计图集编修工作，2013年完成初稿，2016年1月1日正式实施。上述两部规范和图集与2014年5月施行的《养老设施建筑设计规范》（GB 50867—2013）以及其他一系列相关的国家标准及行业标准一起构成了我国老年宜居设计标准体系（表6-5）。

[①] 美国人口普查局. 老龄化世界：2015 http://www.199it.com/archives/457979.html.
[②] 党俊武，周燕珉等. 老龄蓝皮书：中国老年宜居发展报告[M]. 北京：社会科学文献出版社，2015.

我国老年宜居环境建设相关国家标准发展　　表6-5

	2010年以前的标准或旧标准	标准编号	2010年以后的标准或替代标准	标准编号
老年建筑	《老年人建筑设计规范》	JGJ 122—1999	《老年人居住建筑设计规范》	GB 50340—2016
	《老年人居住建筑设计标准》	GB/T 50340—2003		
			《养老设施建筑设计规范》	GB 50867—2013
			《老年养护院建设标准》	建标 144—2010
老年设施规划	《城镇老年人设施规划规范》	GB 50437—2007		
			《社区老年人日间照料中心建设标准》	建标 143—2010
适老设计			《无障碍设计规范》	GB 50763—2012
	《住宅设计规范》	GB 50096—2011	《住宅设计规范》	待定

（资料来源：自绘）

即将实施的《老年人居住建筑设计规范》[①]将原有两部规范的内容重新整合，进一步明确了老年人居住建筑和养老设施的差异，有助于消除老年人建筑在建设概念上存在的定义模糊问题，使得老年建筑标准体系的结构更加清晰明确。由于近十年间老年人的生活状态以及老年住房政策都有了很大的变化，新版《老年人居住建筑设计规范》在原有规范的基础上进行了大范围的修订，主要包括以下内容：

具体而言，新版《老年人居住建筑设计规范》在以下方面进行了重点修订：

（1）增加了术语章节，定义了"老年人居住建筑"，强调了"按套设计"的特点，以区别于"养老设施建筑"。

（2）增加了基本规定章节，该章节为整个规范的基本要求部分，从规划、环境、设备、健康等层面为老年居住建筑提出了基本指导意见，其中包括"老年人居住建筑各部分的设计标准不应低于国家现行标准《住宅设计规范》相关规定"，"老年人居住建筑应根据老年人口规模配套相应的养老服务设施"，"老年人居住建筑应合理选择信息化和智能化养老服务系统，并为其预留安装条件"，"新建老年人居住建筑应采用全装修设计"等。

（3）增加了强制性条款，相比于原有规范更具有实施意义。新规范中增加了6条强制性要求，涉及公共空间设计、套内设计、物理环境、建筑设备四个章节，具体包括"老年居住建筑内严禁采用螺旋楼梯或弧线楼梯"，"二层及二层以上老年人居住建筑应配置可容纳担架电梯。可容纳担架电梯的轿厢最小尺寸应为 1.50m×1.60m，且开门净宽不小于 0.90m"，"老年人住宅应按套型设计，套型内应设卧室、起居室（厅）、厨房和卫生间等基本功能空间"，"使用燃气灶具时，应采用熄火自动关闭燃气的安全型灶具"，"老年人居住套型应至少有一个居住空间能获得冬季日照"，"入户过渡空间内应设置一般照明总开关"等。

---

① 本节所引用的《老年人居住建筑设计规范》有关条目均来源于 2016 年报批稿。

（4）注重与其他国家标准相协调。新规范中在基地规划与设计等章节中调整了部分叙述，例如"老年人居住建筑的间距不应低于冬至日日照2h的标准"与《养老设施建筑设计规范》《住宅设计规范》和《无障碍设计规范》相协调。

（5）深化了部分条文。具体包括两个方面，第一，量化了一些指标的下限，如"楼梯踏步踏面宽度不应小于0.28m，踏步踢面高度不应大于0.16m"，涉及轮椅最小回转半径的条款如"出入口的门洞口宽度不应小于1.20m。门扇开启端的墙垛宽度不应小于0.40m。出入口内外应有直径不小于1.50m的轮椅回转空间"等，第二，对一些条文进行进一步的明确和细化，做出了分项规定，例如在套内空间章节中，对起居室、厨房、卫生间、过道和阳台的设计给出了多条分项细则。

（6）根据新的发展形势，对一部分量化指标进行了调整。例如在套内空间章节中，为响应国家发展中小套型的国策，将老年居住建筑的套型标准适当下调，增加了23m²的老年人公寓套型。另外调低了一部分功能空间的面积下限，如"兼起居的卧室不应小于15m²"。

6.3.2 《老年人居住建筑》标准设计图集

修订版的《老年人居住建筑》标准设计图集的适用对象为城镇新建、改建和扩建的专为老年人设计和使用的居住建筑。同时该图集亦考虑到了新建普通住宅适老化设计的需求，图集中的内容可以满足生活自理或身体功能衰退而需使用扶手、轮椅等辅助设备生活的老年人的基本居家养老需求，因此新建普通住宅亦可以根据本图集内容进行潜伏设计，便于后续的加设和改造。同时本图集的参考内容对于既有普通住宅的适老化改造具有参考意义。

《老年人居住建筑》标准设计图集分为五大部分，其中第一部分展示了我国老年人行为空间的基本尺寸；第二部分图示了老年居住建筑关键部位的设计和构造要点；第三部分有关既有住宅的适老化改造，这是新版图集增添的内容，详细展示了既有建筑在出入口、楼梯间、厨房、卫生间及其他套内空间的改造方案，主要涉及消除地坪高差、与轮椅回转尺寸协调、加设扶手、更换防滑材质及加装电梯等内容；第四部分是近些年我国部分老年住宅或老年公寓的设计实例；第五部分则是老年人设施相关部品的技术资料。

6.3.3 《住宅设计规范》的修订

为进一步贯彻国家有关建立健全老年宜居环境体系的指导思想，国家在"十二五"后期开始着手对一般住宅设计标准进行修订。2016年，住房城乡建设部发布《住房和城乡建设部标准定额司关于开展国家标准〈住宅设计规范〉局部修订工作的函》，在现有《住宅设计规范》（GB 50096—2011）中增添适老化设计的有关内容。本次修订的主要内容是围绕住宅的电梯设置。2016年2月19日住建部发布《住宅设计规范》征求意见稿，意见稿建议将住宅强制设置电梯的标准由"七层或16m及以上"升高至"四层或10m及以上"。另外还建议新建住宅每个单元至少设置一台可容纳削角担架的电梯，轿厢内部尺寸不小于1.5m×1.6m。以上两处变动均出于对一般住宅建筑进行适老化设计的考虑。

6.3.4 构建老年宜居社区的地方性探索

北京市规划委在2015年前后出台了多项面向老年宜居社区规划与设计的文件。2015年1月29日，北京市规划委发布《关于住宅适老性规划设计有关意见的通知》（本节简称《通知》），提出了新建住宅适老性设计的若干要求，其中包括"凡本市行政区域内新建、改建、扩建和翻建四层（含）以上住宅的，均须进行适老性设计"，具体包括设置电梯、紧急呼叫装置，安装扶手等。此外还包括对既有住宅外部增设电梯的有关规定。《通知》自2015年3月1日起执行。2016年3月5日，北京市政府公布《北京市居住公共服务设施配置指标》（本节简称《指标》）和《北京市居住公共服务设施配置指标实施意见》[①]，替换2002年旧版指标。《指标》中有两项涉及老年宜居社区建设的调整。其中居住区托老所一般规模建筑面积从过去的630m^2增至800m^2，每处托老所需要包括不少于10张日间照料床位、相应娱乐康复健身设施和社区居家养老服务中心等。此外，机构养老设施宜独立设置，若用地紧张，可与托老所合并设置，且宜与社区卫生服务中心、社区服务中心、社区文体设施等相邻设置，并共享部分设施。每所机构养老设施一般规模300床，最小规模100床。在地方标准层面，2015年7月20日北京市发布《居住区无障碍设计规程》（DB11/1222—2015），自2016年2月1日起开始实施。《规程》对一般居住小区内的道路、绿地、配套公共设施及住宅公共部分的无障碍设计做出了比较详细的规定，主要涉及地面材质、坡道坡度、通道限界、凸出部位处理、标识系统、电梯设置等内容，是近几年北京市有关居住区无障碍设计条文的汇总性规范文件。2015年12月30日，北京市又发布了《社区养老服务设施设计标准》（DB11/1309—2015），自2016年7月1日起实施。该标准与《居住区无障碍设计规程》一起构成了北京市老年宜居社区建设的地方标准框架。

上海市是中国老龄化问题最为突出的城市之一，也是最先制定老年宜居环境地方标准的地区。2000年就出台了《养老设施建筑设计标准》（DGJ 08—82—2000）。在居住区和住宅适老改造方面，上海市于2012年面向"低保困难老年人家庭"开展公共财政买单改善住房的试点[②]，市财政每年拨付2000万元用于1000户低保困难老年人家庭的室内改造工作，平均每户两万元。此外2014年10月，上海市老龄工作委员会办公室，上海市民政局联合发布《关于推进老年宜居社区建设试点的指导意见》[③]（本节简称《意见》），《意见》要求，到2015年底，全市开展80～100家老年宜居社区建设试点。其中提到："社区老年人日间照料中心和助餐点设施应分片区布点，均衡覆盖城镇及农村社区（建筑面积参照40m^2/千人），城镇社区的服务半径不宜大于1000m，老年人集聚度较高的地区打造10～15分钟服务圈；农村社区原则上每行政村至少集中设置一处设施"。

广州市于2012年开始推进老旧小区多层住宅加装电梯的工作，2012年出台了《广州市既有住宅增设电梯试行办法》，但在实施过程中遇到了很多困难，特别是在费用分摊方面难以达成一致，因此市政府又在2014年8月修订了《广州市既有住宅增设电梯集资分摊费用的参考标准》，为加装电梯的费用分担问题提供了一个专业的指引，但由于其不具有强制性，其效果还有待观察。

6.4 《建筑设计防火规范》（GB 50016—2014）的修订

2007年5月21日住建部发布《关于印发〈2007年工程建设标准规范制订、修订计划（第一批）〉的通知》，提出"根据《工程建设国家标准管理办法》和《工程建设行业标准管理办法》的有关规定，为适应国家经济建设以及节能、节水、节材、节地和环境保护的需要，结合我国工程建设、城镇建设和建筑工程发展的实际"，对现有的一批国家规范和标准进行调整和修订。在新版《建筑设计防

[①] 北京市人民政府办公厅.北京市人民政府关于印发《北京市居住公共服务设施配置指标》和《北京市居住公共服务设施配置指标实施意见》的通知 http://zhengwu.beijing.gov.cn/gzdt/gggs/t1382905.htm.
[②] 章鸿雁.上海、广州住宅适老化改造设计研究[J].中国房地产，2016（9）.
[③] 上海市民政局.关于推进老年宜居社区建设试点的指导意见 http://www.shmzj.gov.cn/gb/shmzj/node687/u1ai38334.html.

火规范》印发之前，住宅设计领域有《建筑设计防火规范》（GB 50016—2006）和《高层民用建筑设计防火规范》（GB50045—1995）两套国家标准，两套标准内容结构雷同，却存在部分不兼容的条目，为设计、审查过程带来了诸多不便。同时原有规范还存在强制性条款不足，部分陈旧内容与现有消防技术要求不匹配等问题。新版的《建筑设计防火规范》将旧版《建筑设计防火规范》和《高层民用建筑设计防火规范》两套国家标准进行合并，协调了两标准间不协调的条目。新规范于2015年3月1日起正式实施。

新版《建筑设计防火规范》与住宅设计与住区规划有关条目主要进行了以下几项修改：（1）重新规范了部分术语和指标的计算方法；（2）提高了高层住宅的防火设计要求；（3）增加了灭火救援设施的有关章节；（4）补充了建筑外保温系统的防火要求。上述要求对住宅设计与住区规划产生了一定的影响，特别是在楼栋布置和室内公共区设计方面影响较大。

6.4.1 有关术语定义的调整

（1）在建筑类型的定义中，新规范停止采用层数而采用高度作为定义标准。一类高层住宅、二类高层住宅与多层住宅的高度分界值为54m和27m。新旧规范间的建筑类型划分标准大致按照"1层=3m"进行折算。另外旧版《建筑防火规范》与《高层民用建筑设计防火规范》中建筑类型划分标准不一致的问题也得到了解决。

（2）新版防火规范新增的附录A中，明确了建筑高度和建筑层数的计算方法，对于坡屋顶、组合屋顶建筑以及台阶式地坪建筑的建筑高度均有具体的算法说明。

（3）在有关术语的界定中，新规范对"裙房""封闭楼梯间""避难走道"进行了更加严谨的界定。此外，考虑到宿舍、公寓等公共居住类建筑人员流动性强，发生火灾的概率要远大于私人住宅，因此这类建筑不可使用新规范中对住宅类建筑的防火要求，而应使用公共建筑的防火要求。

6.4.2 有关防火分区、防火间距和耐火等级规定的调整

（1）新规范中对防火分区和功能分区的协调提出了要求，"不同使用功能分区之间应进行防火分隔"，这一规定将防火分区与功能分区统合起来，禁止了一个防火分区跨越多个功能分区的不安全设计做法。此外，新规范将居住建筑中有其他功能分区情形的防火设计进行了更严格的要求，"设有商业网点的住宅，其居住部分与商业服务网点之间应采用耐火极限不低于2.00h且无门、窗、洞口的防火隔墙和1.50h不燃性楼板完全分隔"，且"住宅部分与非住宅部分的疏散出口应独立设置"。

（2）在防火分区面积的规定上，新规范放宽了高层民用建筑及地下室设备用房的防火分区面积上限，一类高层建筑的防火分区面积扩大至1500m²，与二类高层建筑的防火分区面积一致。地下室设备用房的防火分区扩大至1000m²。

（3）新规范整合了建筑防火间距的要求，增加了高层建筑与三级、四级裙房的防火间距要求，并新增了两条可酌情缩小防火间距的情形。

6.4.3 有关疏散和避难设计的调整

（1）为保持整体统一，新规范将疏散楼梯设置原则的分类标准从层数改为了高度，设置开敞疏散楼梯、封闭楼梯间和防烟楼梯间的分界值为21m和33m，相比于旧规范整体提升了一级。

（2）高层居住建筑的疏散走道净宽度下限统一调整至1.2m与之前较为复杂的要求相比更加便于操作执行。

（3）塔式住宅的电梯前室设计一直是规范界定的模糊地带，特别是塔式建筑剪刀梯与消防电梯的分离前室问题在实际设计中很难施行。新规范对这一部分内容进行了修改，不建议合用前室，但在不得已的情况下可以设计合用前室，但规定其面积不应小于12.0m，且短边宽度不小于2.40m。

（4）新规范中增加了高层建筑避难层与避难房间的相关要求，其中100m以上的住宅建筑需设置避难层。避难层与避难层、避难层与灭火救援地面的间距不应大于50m，避难层的墙体、地面、楼梯间等需要满足相应的防火做法。54m以上的（一类高层）住宅建议每户设置一个房间用于临时避难，该房间宜临外墙，具有可开启外窗，且"内外墙体的耐火极限不低于1.00h，门应采用乙级防火门，窗应采用乙级防火窗或耐火极限不低于1.00h的防火窗"。

6.4.4 有关建筑构造设计的调整

（1）新规范中对建筑外墙开口距离进行了明确的规定，限制了住宅建筑开口的水平、竖直距离下限，以及设置防火隔板的尺寸和材料要求。在疏散楼梯间的设计上，新规范加入了"封闭楼梯间和防烟楼梯间禁止穿过或设置可燃性气体管道，开场楼梯间禁止设置可燃性气体管道"，除非管道"采用金属管或设置切断气源的阀门"等要求。上述规定意在降低火源向相邻房间蔓延的可能性。

（2）新规范还将地下防烟楼梯间、封闭楼梯间的强制设置范围扩大，不再局限于商店和歌舞娱乐建筑。凡深度超过10m或层数为三层及以上的所有民用建筑地下空间均应设置防烟楼梯间，其他地下或半地下空间均应设置封闭楼梯间。这意味着设有多层地下车库的住宅将必须设置防烟楼梯间。

（3）近年来采用防火卷帘作为防火分区分隔的设计案例不断增多，但相较于防火墙，防火卷帘的耐火性较差，因此不宜作为首选防火隔断，因此新规范中规定"除中庭外，当防火分隔部位的宽度不大于30m时，防火卷帘的宽度不应大于10m；当防火分隔部位的宽度大于30m时，防火卷帘的宽度不应大于该部位宽度的1/3，且不应大于20m。"

（4）鉴于近些年因建筑外保温材料被引燃导致的火灾事故不断增多，新规范专门设置了多条与外保温材料相关的规定，其中包括："建筑的内、外墙保温系统，宜采用燃烧性能为A的保温材料，不宜采用B2级保温材料，严禁采用C级保温材料"；"采用燃烧性能为B1级的保温材料时，防护层的厚度不应小于10mm"；"住宅高度大于100m时，保温材料的燃烧性能应为A级"；高层住宅的"保温材料的燃烧性能不应低于B1级"；多层住宅的"保温材料的燃烧性能不应低于B2级"（表6-6）；对于外墙保温系统与基层墙体、装饰层有空腔的情形，则保温材料防火标准要更加严格等。

住宅建筑高度与外墙保温材料的应用要求　　　　表6-6

住宅建筑高度	采用B2级保温材料	采用B1级保温材料	采用A级保温材料
小于27m	每层设置防火隔离带乙级防火门、耐火极限不低于0.5h的C类防火窗	每层设置防火隔离带	可采用
27~100m	不允许	每层设置防火隔离带乙级防火门、耐火极限不低于0.5h的C类防火窗	可采用
大于100m	不允许	不允许	应采用

（资料来源：根据《建筑设计防火规范》（GB 50016—2014）6.7节有关条文整理）

6.4.5 有关灭火救援设施的调整

灭火救援设施为新增章节，增加了一些重要规定，这些规定会对建筑设计和住区规划产生一定影响。

（1）在消防车道设置的有关规定中，将消防车道增加了消防车道坡度和转弯半径的有关要求，"消防车道的坡度不宜大于8%"，"转弯半径应满足消防车转弯的要求"，同时应考虑设置消防车的回车空间（表6-7）。该标准与《住宅设计规范》（GB 50096—2011）中对于消防车道的要求相一致。

住宅消防车道设置的有关要求　　表6-7

	环形消防车道	尽端式消防车道
多层住宅	应设置两处与其他车道连通	应设置回车场，不小于12m×12m，供重型消防车使用时不应小于18m×18m
高层住宅		应设置回车场，不小于15m×15m，供重型消防车使用时不应小于18m×18m

（资料来源：根据《建筑设计防火规范》（GB 50016—2014）7.1节有关条文整理）

（2）考虑到云梯消防车在登高扑救过程中需要占用较多的空间，新规范加强了有关登高扑救场地设计尺寸的要求，并适当放宽了对扑救面裙房的限制。新规范规定"高层建筑应至少沿一个长边或周边长度的1/4且不小于一个边长度的底边连续布置消防车登高操作场地，且该范围的裙房进深不应大于4m"，对裙房高度不做限制，但"场地靠建筑外墙一侧的边缘距离不宜小于5m且不应大于10m"，且"场地的长度和宽度分别不应小于15m和8m"，"对于建筑高度大于50m的建筑则不应小于15m和15m"。

（3）在消防电梯的设置方面，新规范规定建筑高度超过33m的高层住宅必须设置消防电梯，且每个防火分区至少设置1台，或与相邻的防火分区共用1台。

6.4.6　有关消防设施的调整

（1）在自动灭火系统的设置方面，新规范规定建筑高度大于100m的住宅应设置自动灭火系统和火灾自动报警系统。建筑高度在54～100m之间的住宅在公共部位应设置火灾自动报警系统，套内应设置火灾探测器。二类高层住宅宜在公共部位设置火灾自动报警系统。

（2）在防烟系统的设置上，新规范有所放宽，规定"当居住建筑高度不大于100m，楼梯间前室或合用前室有不同朝向的可开启外窗，且面积满足自然排烟口面积要求"时，可不设置机械加压送风防烟设施。

总体来说，新版《建筑设计防火规范》基本解决了旧版《建筑设计防火规范》和《高层民用建筑设计防火规范》间标准不协调的问题，统一了标准，并根据实际情况，对一部分条目进行了放松处理，而对另一部分条目进行了严格化的处理，使得新版规范具有了更强的实用性。

不过，在新版规范颁布实施的一年多来，一些设计单位反映部分新增的条目在实施层面有较大的困难。这些条目主要集中在扑救场地设计和建筑立面洞口设计两方面，出现的问题包括与其他规范，例如绿化规范相冲突，或者在设计层面难以实现等。因此，新版《建筑设计防火规范》在实施初期还需要经历一段时间的磨合。

说　　明

由于城镇住宅建筑面积竣工数据来源从中国房地产信息网调整为中国统计年鉴，2009年至今出版的《中国城市住宅发展报告》城镇住房存量数据存在几处调整，特向广大读者说明，并更正如下：

1.《2008—2009年度中国城市住宅发展报告》第二章第一节中

原描述：2008年末达到127.37亿m^2，比1997年增加了91.15亿m^2。

更正为：2008年末达到128.47亿m^2，比1997年增加了92.25亿m^2。

原描述：2007年我国东部地区城镇住宅建筑面积56.80亿m^2，中部地区31.75亿m^2，西部地区24.34亿m^2，分别占全国城镇住宅建筑面积的50%、28%和22%。

更正为：2008年我国东部地区城镇住宅建筑面积63.48亿m^2，中部地区35.78亿m^2，西部地区29.22亿m^2，分别占全国城镇住宅建筑面积的49.4%、27.9%、22.7%。

相关图2-1、图2-2中数据以文字说明为准，不另做更正。

图2-3～图2-6标题中城镇住宅均更正为商品住宅。

2.《2010中国城市住宅发展报告》第二章第一节中

原描述：2008年末我国城镇实有住宅建筑面积127.37亿m^2，比2007年末增加7.6亿m^2，增长了6.3%，增长率比2007年末上涨0.3个百分点。

更正为：2009年末我国城镇实有住宅建筑面积136.68亿m^2，比2008年末增加8.21亿m^2，增长了6.4%，增长率比2008年提高0.1个百分点。

原描述：2008年末，东部地区实有城镇住宅建筑面积56.80亿m^2，中部地区31.75亿m^2，西部地区24.34亿m^2，分别占全国城镇住宅建筑面积的50%、28%和22%。

更正为：2009年末，东部地区实有城镇住宅建筑面积67.17亿m^2，中部地区38.08亿m^2，西部地区34.44亿m^2，分别占全国城镇住宅建筑面积的49.1%、27.9%和23.0%。

相关图2-1中数据以文字说明为准，不另做更正。

3.《2010—2011年度中国城市住宅发展报告》第二章第一节中

原描述：2009年末我国城镇实有住宅建筑面积135.58亿m^2，比2008年末增加8.21亿m^2，增长了6.45%，增长率比2007年末上涨0.15个百分点。

更正为：2010年末我国城镇实有住宅建筑面积145.37亿m^2，比2009年末增加8.69亿m^2，增长了6.4%，增长率与2009年持平。

原描述：2010年末，东部地区实有城镇住宅建筑面积69.92亿m^2，中部地区40.14亿m^2，西部地区32.26亿m^2，分别占全国城镇住宅建筑面积的49%、28%和23%（图2-4）。

更正为：2010年末，东部地区实有城镇住宅建筑面积70.97亿m^2，中部地区40.64亿m^2，西部地区33.76亿m^2，分别占全国城镇住宅建筑面积的48.8%、28.0%和23.2%（图2-4）。

相关图2-3、图2-4中数据以文字说明为准，不另做更正。

4.《2011—2012年度中国城市住宅发展报告》第二章第一节中

原描述：2011年末我国城镇实有住宅建筑面积153.84亿m²，比2010年末增加9.91亿m²，增长了6.89%，增长率比2010年末上升0.74个百分点。

更正为：2011年末我国城镇实有住宅建筑面积155.62亿m²，比2010年末增加10.25亿m²，增长率达到7.1%，比2010年提高0.7个百分点。

原描述：2010年末，东部地区实有城镇住宅建筑面积73.54亿m²，中部地区42.61亿m²，西部地区34.51亿m²，分别占全国城镇住宅建筑面积的49%、28%和23%（图2-4）。

更正为：2011年末，东部地区实有城镇住宅建筑面积75.44亿m²，中部地区43.71亿m²，西部地区36.47亿m²，分别占全国城镇住宅建筑面积的48.5%、28.1%和23.4%（图2-4）。

相关图2-3、图2-4中数据以文字说明为准，不另做更正。

5.《2012-2013年度中国城市住宅发展报告》第二章第一节中

原描述：2012年末我国城镇实有住宅建筑面积164.53亿m²，比2011年末增加10.69亿m²，增长率达到6.95%，增长率比2011年末上涨0.06个百分点。

更正为：2012年末我国城镇实有住宅建筑面积166.36亿m²，比2011年末增加10.73亿m²，增长率达到6.9%，比2011年低0.2个百分点。

原描述：2012年末，东部地区城镇实有住宅建筑面积78.17亿m²，中部地区45.66亿m²，西部地区37.52亿m²，分别占全国城镇实有住宅建筑总面积的48.45%、28.30%和23.25%。

更正为：2012年末，东部地区城镇实有住宅建筑面积80.09亿m²，中部地区46.75亿m²，西部地区39.51亿m²，分别占全国城镇实有住宅建筑总面积的48.2%、28.1%和23.7%。

相关图2-3、图2-4中数据以文字说明为准，不另做更正。

6.《2013-2014年度中国城市住宅发展报告》第二章第一节中

原描述：2013年末我国城镇实有住宅建筑面积175.21亿m²，比2012年末增加10.68亿m²，增长率为6.49%，增长率比2012年末下降了0.46个百分点。

更正为：2013年末我国城镇实有住宅建筑面积177.09亿m²，比2012年末增加10.74亿m²，增长率为6.5%，比2012年末下降了0.4个百分点。

原描述：2013年末，东部地区城镇实有住宅建筑面积82.77亿m²，中部地区48.75亿m²，西部地区40.50亿m²，分别占全国城镇实有住宅建筑总面积的48.12%、28.30%和23.25%。

更正为：2013年末，东部地区城镇实有住宅建筑面积84.73亿m²，中部地区49.86亿m²，西部地区42.51亿m²，分别占全国城镇实有住宅建筑总面积的47.8%、28.2%和24%。

相关图2-3、图2-4中数据以文字说明为准，不另做更正。

7.《2014-2015年度中国城市住宅发展报告》第二章第一节中

原描述：2014年末我国城镇实有住宅建筑面积185.96亿m²，比2013年末增加10.75亿m²，增长率为6.14%，增长率比2013年末下降了0.35个百分点。

更正为：2014年末我国城镇实有住宅建筑面积187.97亿m²，比2013年末增加10.88亿m²，增长率为6.1%，比2013年末下降了0.4个百分点。

原描述：2014年末，东部地区城镇实有住宅建筑面积87.49亿m²，中部地区51.87亿m²，西部地区43.40亿m²，分别占全国城镇实有住宅建筑总面积的47.87%、28.38%和23.75%。

更正为：2014年末，东部地区城镇实有住宅建筑面积89.48亿m²，中部地区53.06亿m²，西部地区45.43亿m²，分别占全国城镇实有住宅建筑总面积的47.6%、28.2%和24.2%。

相关图2-3、图2-4中数据以文字说明为准，不另做更正。